EL PODER DE LA AUTODISCIPLINA Y NO MÁS PROCRASTINACIÓN

Tácticas De Productividad Probadas Para Vencer La Pereza Y Desarrollar Hábitos Atómicos + Plan Paso A Paso De 30 Días

EL PODER DE LA AUTODISCIPLINA Y LA MENTALIDAD SIN EXCUSAS EJERCICIOS

Prácticos Para Fortalecer Su Fuerza De Voluntad Y Superar La Procrastinación Mediante La Creación De Hábitos Atómicos

Tabla De Contenidos

INTRODUCCIÓN 6

CAPÍTULO 1 - DESHACERSE DE LOS MALOS HÁBITOS AHORA 11
    Seis maneras seguras de dejar los malos hábitos 11
    Tres pasos esenciales para derrotar la pereza 17
    Cómo dejar de postergar ahora 20
    Las 5 reglas de la autodisciplina 22

CAPÍTULO 2 - DESARROLLAR UNA MENTALIDAD DE AUTODISCIPLINA 25
    Tres hábitos que construyen la autodisciplina 25
    Cuatro prácticas esenciales para encender una fuerza de voluntad fuerte 29
    Tres técnicas para fortalecer tu autocontrol 34
    Cinco trucos psicológicos para impulsar la autodisciplina 37

CAPÍTULO 3 - LOS SECRETOS PARA ESTABLECER METAS 43
    Cómo crear objetivos SMART para un mejor rendimiento 44
    Cómo definir metas DURAS para mejor rendimiento 48
    Los secretos para convertir tus metas en pasos alcanzables 53
    Cómo recompensarte por el progreso 56
    Cuatro maneras de crear un entorno favorable para los objetivos 60

CAPÍTULO 4: TÉCNICAS PARA AUMENTAR LOS RESULTADOS 63
Transforma tu vida con el método de hacer las cosas (GTD)..... 63
Lograr más con la técnica pomodoro.. 68
Cuatros hábitos productivos del método "de Zen ha hecho" 72
La técnica de consistencia de no romper la cadena"................... 76
Cuatro claves respaldadas por la ciencia para aumentar la productividad 78

CAPÍTULO 5 - PLANIFICACIÓN PARA EL ÉXITO DIARIO 82
Seis rutinas matutinas para comenzar el día de la mejor manera 82
Cuatro rutinas nocturnas para terminar el día a la perfección 87
Consume estos 3 alimentos para tener un cerebro productivo.... 93
Quince afirmaciones diarias para aprender la autodisciplina cerebral... 97

CONCLUSIÓN 101

Introducción

¿Has retrasado tu "gran" proyecto solo para engañarte a ti mismo de que lo harás cuando estés listo, pero ese momento nunca llega? ¿Has caído en un bucle de pereza y no tienes ganas de hacer nada? ¿Empezaste a trabajar en el proyecto de tus sueños, solo para renunciar 2 o 3 días después? ¿Y qué si trataste de aprender un nuevo idioma como el español, pero lo dejaste después de las dos primeras lecciones porque la gramática es agotadora? ¿Alguna vez has soñado con aprender a tocar la guitarra, pero una vez que te sentaste durante las clases, te diste cuenta de que los acordes eran demasiado difíciles y abandonaste? ¡Todos hemos pasado por eso!

El secreto para apegarse a las tareas que no tenemos ganas de hacer es la autodisciplina. Todo el mundo te dirá que desarrolles la autodisciplina; pero ¿cómo desarrollas realmente la autodisciplina a un nivel atómico que te permita superar cada tentación que se presenta en tu vida diaria? ¿El tipo de autodisciplina que te permite crear proyectos de un millón de dólares, cumplir con tus tareas diarias y hacer el s%*t? El secreto de la autodisciplina atómica se te revela en este libro. Te espera un viaje.

Este libro te enseñará cómo manejar la parte más difícil de la naturaleza humana: los impulsos biológicos. Los impulsos biológicos trabajan en tu contra. Todos los humanos se engañan a sí mismos intentando creer que manejan sus pensamientos. Sin embargo, ¿has considerado que tus pensamientos no sean realmente tuyos? Presta atención a lo que haces en vez de a lo que piensas. ¿Alguna vez has pensado que deberías ponerte en forma y comer brócoli en vez de pizza, pero te encontraste ordenando pizza a medianoche? Esto no es culpa tuya, sino de tu programación biológica. Tu biología está programada para responder al placer inmediato: comida, sexo, sueño, entretenimiento. Los impulsos biológicos son poderosos, y no pueden superarse fácilmente. Los impulsos biológicos dirigen la naturaleza; si la observamos en su forma más pura, veremos que todos los animales intentan, esencialmente, gastar energía o reproducirse. Los mismos impulsos biológicos que nos empujan y engrandecen la vida también pueden destruirnos. Esta es la razón por la cual la autodisciplina es la clave para superar nuestra programación biológica.

Las 5 grandes revelaciones de la autodisciplina

Apocalipsis #1: tú eres tú peor enemigo. No hay fuerzas externas que te controlen, y nadie se interpuso en tu camino. Tú mismo creaste todos los obstáculos. Acepta que todo lo que postergas, la falta de foco, los proyectos fallidos y fechas límites no cumplidas son el resultado de tu propia falta de autodisciplina.

El primer paso para desarrollar la autodisciplina es aceptar que estás en una lucha contigo mismo. La autodisciplina es el arte de superar los propios impulsos biológicos. Una vez que una persona atraviesa su obstáculo principal, es decir sus impulsos biológicos, puede vencer toda demora, falta de concentración y pereza.

Revelación #2: la evolución humana trabaja en tu contra. Millones de años de evolución han conectado nuestros cuerpos y cerebros para que actúen de manera animal, por lo que tu naturaleza no funciona a tu mayor interés. Esencialmente, estamos preparados para obtener el mayor valor a cambio de la menor cantidad de esfuerzo. Para revertir nuestra programación biológica, tenemos que entrenar nuestro cerebro: tenemos que maximizar la producción y minimizar el valor que buscamos a cambio.

Una vez que el cerebro de una persona es reprogramado para esforzarse por resultados en lugar de buscar la siguiente cosa que consumir, su productividad aumenta y esto nos ayuda a alcanzar todas nuestras metas. El cuerpo humano no es solo un reflejo de que dos padres tienen un hijo, sino también una continuación de millones de años de evolución que hay que luchar para deshacer. El cerebro es como un caballo: si lo dejas conducir solo, te llevará al borde de un acantilado. Si lo diriges bien, te llevará a tu destino. Es por eso por lo que la autodisciplina es la clave para superar nuestra evolución, y aprender a utilizarla para nuestro propio beneficio.

Apocalipsis #3: nunca es fácil. La autodisciplina es una lucha diaria. Incluso después de años de entrenarte a sí mismo y reconfigurar tu cerebro, lucharás con la disciplina diariamente. Esto se debe a que no te puedes deshacer de millones de años de evolución. Tu cuerpo fue programado para operar de cierta manera; solo puedes aceptar que estarás aquí por un largo tiempo. Invertir la evolución es más fácil de decir que de hacer, y es una lucha diaria. Incluso después de años de autodisciplina y ejercicio, las personas seguirán teniendo una lucha diaria consigo mismas; pero la principal diferencia es que la lucha se hace mucho más fácil.

Consejo profesional: los resultados se producen en pequeñas cantidades diarias. Las películas nos han influenciado para esperar el gran momento de motivación y, de repente, volvernos superhombres. Pero en realidad las tareas se realizan con enfoque e ímpetu. Una vez que una persona reprograma su cerebro para realizar las tareas diarias, el trabajo se vuelve una brisa.

Revelación #4: la autodisciplina crea impulso. La gente pasa por bucles de alta motivación y/o alto tiempo de inactividad o resistencia al trabajo. Ambas cosas crean impulso. Si una persona está tratando de perder peso haciendo *footing*, los primeros días pueden ser difíciles, pero una vez que han pasado los primeros 2 o 3 días, acumulan impulso y se vuelve mucho más fácil.

Lo mismo se aplica al trabajo: una vez que una persona "entra en calor" en el trabajo después de tener un día muy productivo, puede repetir ese comportamiento el día siguiente. Para tener éxito, tienes que cabalgar sobre las olas del impulso; y una vez que empieces, tienes que crear el momento. Cada acción crea un impulso: si eres perezoso, obtendrás impulsos de pereza y no harás nada. Por el contrario, si eres productivo, creas impulsos de más productividad. Esto se refleja en una escala mucho mayor. Por ejemplo, los países que se enriquecen tienden a enriquecerse más, mientras que los países en desarrollo tienden a permanecer en un círculo de pobreza.

Revelación #5: tu cerebro puede ser reprogramado para la autodisciplina. Cada acción "programa" tu cerebro para que la acepte como un nuevo hábito, y esto se aplica tanto a los malos como a los buenos hábitos. Si una persona comienza a fumar, su sistema inmunológico rechazará la nicotina, pero solo temporalmente; después de un tiempo, el cerebro se programará para aceptarlo y empezará a ansiar la sustancia, lo que crea una adicción, porque el cerebro se programó como el de un fumador, incluso si nunca había fumado un cigarrillo en su vida.

El cerebro también puede ser reprogramado a para adquirir buenos hábitos. Una vez que el cerebro se ve obligado a aceptar un nuevo hábito, encuentra un millón de maneras de hacerlo. ¿Alguna vez tu jefe te ha amenazado con despedirte si no completabas una tarea a tiempo? Bajo presión, el cerebro puede encontrar un millón de maneras de completar una tarea. Una vez que se ve forzado a hacer algo, comienza a reprogramarse, y te permite hacer las tareas que deseas. El cerebro puede ser reprogramado para realizar los proyectos a tiempo, concentrarse en tareas difíciles, evitar la tentación y rendir al máximo. Esto es lo que te enseñará este libro.

¿Cómo consigo motivación para empezar ahora mismo?

¿Todavía estás postergando tu proyecto de vida? ¿Sientes que no estás listo y quieres empezarlo en un año o en cinco? Empezar ahora es la clave para lograrlo, como dice el comercial de Nike, " *Just do it* (solo hazlo)".

Clave para la vida: la clave para superar toda retraso es un simple cambio de mentalidad. Recuerda la frase: "*estás ahí cuando lo haces*". No hay un momento mágico futuro en el que estés "listo" para empezar un negocio, tener hijos, dejar de postergar, comprar una casa o Bitcoin, o cumplir con las tareas difíciles. Sin embargo, una vez que haces estas cosas simples, ¡inmediatamente entras en la línea de meta! Cuando vendes tu primer producto, estás en el negocio. Cuando sales a correr, tienes éxito en la preparación física.

La premisa es que no tienes que mentirte a ti mismo estableciendo un punto de partida arbitrario en el futuro, cuando puedes cambiar la fecha a ahora mismo. Lo único que te detiene es tu propio permiso. Date permiso para empezar ahora, y ya estarás en la línea de meta. Alcanzar tus metas es tan simple como darse cuenta de que lo logras una vez que tomas acción, ¡no cuando llega el momento! ¿Tomarás acción o vas a seguir esperando?

CAPÍTULO 1 - Deshacerse de los malos hábitos ahora

¿Está luchando con el tabaco, tirándote del pelo, comiendo mal o durmiendo demasiado? Si tus problemas son simples y se reducen a un solo mal hábito, puedes resolverlo desarraigándolo.

Los hábitos son acciones que hacemos repetidamente. Una vez que una persona repite una determinada acción varias veces, se convierte en un hábito. Cuando se repite un hábito por períodos más largos, como meses o años, se convierte en parte de la identidad. Muchas veces, la gente no puede recordar cómo era su vida antes de incorporar esos malos hábitos a su propia identidad.

Los hábitos pueden ser buenos o malos. Un buen hábito es levantarse temprano por la mañana, o trabajar duro, comer moderadamente, meditar. Un mal hábito es despertarse tarde, consumir sustancias que no necesitas, hacerse daño a sí mismo o participar en actividades que te quitan calidad de vida.

Para ser eficaces en la eliminación de los malos hábitos, tenemos que tirar de ellos como si fueran malas hierbas, agarrando la raíz y removiéndola de la tierra. No queremos tirar de la parte superior, dándole la oportunidad de volver a crecer. Todos los hábitos pueden ser completamente erradicados cambiando tu identidad y recompensándote con cada hito. Este capítulo se centra en el cambio de identidad que una persona tiene que hacer para dejar los malos hábitos atrás.

Seis maneras seguras de dejar los malos hábitos

1) Crear una nueva identidad

Para erradicar un mal hábito, tienes que hacer una cosa importante: crear una nueva identidad para ti mismo. Si no creas una nueva identidad y te aferras a la que tienes ahora, estarás propenso a recaer y repetir los mismos errores. Los fumadores que quieren dejar de fumar casi nunca crean una identidad de no fumador; solo se imaginan a sí mismos como fumadores que "dejaron" de fumar. Han fumado durante años, y asocian cada momento de la vida con el tabaquismo: pausas para tomar café, pausas de trabajo, reuniones de amigos, fiestas, viajes, etc.

Sin embargo, tienen que aprovechar la parte de su cerebro que recuerda cómo solía ser como un no fumador; necesitan volver a cuando eran más jóvenes, ya que la mayoría de la gente comienza a fumar en la adolescencia. ¿Recuerdas cuando no necesitabas un cigarrillo por la mañana, cuando una taza de café alcanzaba, y no te sentías tentado al ver a otros fumando? Eso fue hace mucho tiempo, cuando no todavía no habías asumido la identidad de un fumador. Ahora que la has tomado, lógicamente te resulta difícil dejar de fumar.

Los malos hábitos se eliminan, básicamente, volviendo el tiempo atrás y volviendo a la época en la que no se los había adquirido. Si no lo recuerdas, necesitas crear una nueva identidad que te separe de la antigua, ya que está asociada estos errores.

Los malos hábitos destruyen vidas: el alcohol, las apuestas, fumar, las drogas, y la comida chatarra, por ejemplo. La gente sabe que lo que está haciendo no es bueno, pero esa información no sirve de nada: el hábito es demasiado fuerte y vuelven a caer en los mismos patrones de comportamiento. Para no caer en estos comportamientos repetitivos, tienen que dar un paso atrás y crear una ANTIIDENTIDAD a su identidad actual. La anti-identidad es un método para tomar la identidad actual y vivir bajo los principios opuestos. Si eres fumador, asume la identidad de un NO FUMADOR. Si eres jugador, toma la identidad de un ANTIJUGADOR. Si eres un alcohólico, toma la identidad de una persona SOBRIA.

Consejo: no tienes que "odiar" tu hábito anterior. Muchas personas crean energía negativa y odio contra sus hábitos anteriores para hacerle frente a la nueva identidad. Sin embargo, si realmente asumes tu nueva anti-identidad, puedes "desprenderte" de tu hábito anterior completamente y sin carga emocional. Incluso años después de haber dejado el mal hábito, es posible que aún te sigas tentando. Pero la diferencia es que estarás tentado al mismo nivel que una persona que nunca fue adicta a ese mal hábito. Esto significa que tendrás a tu tentación controlada.

2) Planificar acciones futuras

Para crear una nueva identidad, debes tener una visión positiva de tu futuro, que te permita tomar las medidas necesarias para dejar esos malos hábitos. Si tienes una mentalidad positiva, es más probable que tengas éxito. ¿Cómo se consigue una mentalidad positiva? Piensa en los beneficios que obtendrás si abandonas el mal hábito; piensa en cómo será tu vida diaria.

Consejo profesional: piensa en cómo será tu vida diaria, y escribe tu día ideal en un trozo de papel. Escribe dónde te despertarías, qué harías por la mañana, cómo vivirías. Créate una imagen visual en tu cabeza de cómo se supone que debería ser tu nueva vida.

La visualización de tu nueva identidad tiene sus ventajas: si eres fumador, obtendrás muchos beneficios de tu futura identidad de no fumador. Respirarás más fácilmente, estarás más sano, tu aliento no olerá mal, no gastarás dinero en cigarrillos, no estarás a merced de la adicción a la nicotina, etc. Los malos hábitos probablemente crean más efectos negativos que positivos en tu vida; si quieres, puedes hacer un gráfico y comparar los positivos provenientes de tu mal hábito (el valor emocional que te da) con los negativos. Si los negativos superan a los positivos, ¡abandona el hábito!

3) Resistencia al empuje

Esta es la parte más difícil de dejar un hábito: la resistencia inicial. Cuando dejas un mal hábito, como una adicción a las sustancias, tu cuerpo entrará en "abstinencia", y tendrá antojos de dicha sustancia. Aquí es cuando eres más vulnerable a una recaída. Las personas que dejan de fumar por un tiempo pueden durar una semana completa; pero después de cuatro semanas o más, pueden recaer, porque están constantemente tentados por fuerzas externas. Por ejemplo, un fumador puede ver a sus amigos fumando o un comercial de gente disfrutando de los cigarrillos, pero tiene que luchar contra la resistencia que, durante el primer mes, requiere de mucha fuerza de voluntad.

Una vez que una persona ha dejado un mal hábito por más de un mes, puede comenzar a asumir una nueva identidad. El primer mes es la prueba real de su resistencia, y la tentación será más fuerte. Espera. Si una persona puede pasar un mes entero sin un mal hábito, probablemente creará una nueva identidad y la mantendrá por el resto de su vida. Debes impulsarte con esa resistencia; recuerda que los aspectos negativos del hábito superan con creces a los positivos; esto debería ser suficiente para evitar que recaigas en ellos.

4) Reemplazar los malos hábitos

Si te tienes que obligar a resistir, ¡aún no has terminado! Todavía tienes un hábito por reemplazar.

Consejo profesional: la gente piensa que su "fuerza de voluntad" crea buenos hábitos, pero los buenos hábitos se crean reemplazando los malos hábitos por otros nuevos. En lugar de darle una adicción a tu cuerpo, dale algo que no desee. Esto lo estimulará de la misma manera, pero el efecto en él no será negativo.

La mejor manera de reemplazar un mal hábito es crear uno de reemplazo que sea bueno para el cuerpo. Muchas adicciones son difíciles de eliminar porque proporcionan un alto nivel de estímulo para los nervios y el cerebro que vuelven imposible dejarlo. Para reemplazar esos hábitos, tienes que sacudir a tu cuerpo con estímulos iguales, pero positivos.

Por ejemplo, muchas personas que dejaron de fumar dicen que lo hicieron dándose duchas frías. ¿No te lo crees? Las duchas que duran de tres a cinco minutos con agua helada pueden afectar severamente el sistema nervioso, a tal grado que la persona, literalmente, no siente ninguna necesidad de nicotina en absoluto: el cuerpo ya ha tenido su dosis de estimulación.

Muchos drogadictos dejan de fumar solo haciendo ejercicio o duchándose con agua fría. Esto es más fácil decirlo que hacerlo, porque para una ducha fría, hace falta acostumbrarse. Primero tienes que frotar el frío del agua con una mano, para que no sumergirte directamente en él. Una vez que te acostumbres, puedes optar por duchas cada vez más frías. El frío te hará temblar y sacudirá todo tu sistema nervioso. Esto ayuda con todas las adicciones a sustancias, como la nicotina, el alcohol e incluso la heroína.

Los malos hábitos más pequeños, como morderse las uñas y retorcerse el cabello, pueden reemplazarse con una pelota antiestrés, que se pueda apretar y rascar o jugar. Esto mantendrá las manos alejadas de la boca y el cabello, y te permitirá obtener la estimulación que busca el cuerpo sin dañarlo.

5) Recompénsate a si mismo

Recompensarte a sí mismo no es una táctica para sentirse bien; no es algo que se hace para celebrar, sino para volver a programar el cerebro y saber que las acciones que se están llevando a cabo son buenas. Si estás sufriendo todo el tiempo, si tu adicción te está comiendo vivo por la abstinencia, debes recompensarte gradualmente para no quemarte. Recompensarse a sí mismo es por el objetivo: cuando hayas durado unos días o unas semanas sin recaer en un mal hábito, ya será hora de darse un capricho. Debes soportar el sufrimiento, y terminar tratándote a ti mismo con algo que disfrutes.

Consejo profesional: regálate unas vacaciones, si ya has dejado un mal hábito. Reserva un vuelo a una ciudad que no conozcas o a la playa, y pasa unos días recordando lo bien que lo hiciste. Esto reafirmará tu nueva identidad, y evitará que vuelvas a caer en esos viejos hábitos.

Si sufres sin parar y nunca te recompensas, te quemarás. Hay que tratar al cerebro como a un animal; el caballo solo transporta personas y se deja azotar porque espera una comida al final del día. Si te prometes un regalo después de pasar cierta cantidad de días sin un mal hábito, el mecanismo de recompensa te mantendrá en marcha. Esto se relaciona con una mentalidad positiva.

6) Crear un plan de acción de hitos

Un plan a largo plazo se trata de mantener en el tiempo tu nueva identidad. Si creas nuevos hábitos para reemplazar los malos, debes mantenerlos hasta que la nueva identidad sea irreversible y parte de tu ser intrínseco.

La planificación a largo plazo te permitirá crear una nueva identidad y mantenerla. Piensa en tu hábito de reemplazo: si comenzaste con duchas frías para dejar una adicción, asigna una hora de la noche para repetirlas. Por ejemplo, tu estrategia a largo plazo podría ser ducharse a las 10 PM todas las noches: esto es todo lo que necesitarías para mantener alejado el mal hábito. En el momento en que inventas excusas o dejas el nuevo hábito, serás propenso a tener una recaída. La planificación de la resistencia a largo plazo consiste en encontrar un hábito de reemplazo y trabajar en él constantemente. Si logras un hito de 7 días, date una recompensa por ese ello. Para ser efectivo, debes asumir que tienes una nueva anti-identidad, que es lo opuesto a la identidad que creó los malos hábitos.

Tres pasos esenciales para derrotar la pereza
¿Tienes problemas para levantarte de la cama por la mañana para ir a trabajar? ¿Tienes dificultades para cumplir con los plazos de entrega de un proyecto? ¿Estás desempleado y te resulta difícil encontrar trabajo, o no tienes ganas de ir a las entrevistas? La pereza es un impedimento mental; puede destruir tu vida, porque el éxito se basa en lo opuesto: el trabajo y la productividad.

Para dejar de ser perezoso, tienes que cambiar de opinión. La pereza no puede tratarse a nivel superficial. Si tomas Adderall para enfocarte o ver videos motivacionales, solo durarás unos pocos días o semanas hasta que se te acabe la droga o empieces a sentir sus efectos secundarios. Entonces, tu motivación disminuirá de nuevo, y volverás a tus viejos hábitos. Esta es la razón por la que necesitas un cambio de identidad a largo plazo.

Para resolver la pereza, hay que ver qué la causa. Este es el lado más feo de la pereza; puedes ser perezoso porque te han sucedido cosas malas en el pasado, por ejemplo. Estos eventos/traumas pasados o crisis existenciales pueden haber creado en ti una baja autoestima y una mentalidad nihilista. Una vez que descubras cuál es la causa principal, puedes trabajar en ella para eliminarla. Los arreglos temporales, como las píldoras de prescripción, solo durarán un tiempo corto, y ni entrar en los aspectos negativos de estas píldoras y otros productos farmacéuticos "para focalizarnos".

1) Identificar la causa de la pereza

Para identificar la raíz de tu pereza, piensa en tu historia, en cuándo comenzaron tus malos hábitos. ¿Te has estancado después de haber sido despedido de un trabajo o de haber sufrido una separación amorosa? ¿Te has mudado a una nueva ciudad/país y tuviste dificultades para adaptarte al nuevo entorno? ¿Cuánto tiempo llevas "hundiéndote" en tus malos hábitos? Piensa en la época anterior, y en cómo eras. Esto creará una imagen clara del lugar al que necesitas volver. Simplemente tómate una semana libre para considerar esto, haz un pequeño viaje a la naturaleza y medita sobre tu comportamiento. Te darás cuenta cuándo has ido cuesta abajo, y podrás corregirás tus malos hábitos. Si siempre fuiste perezoso, tendrás que hacer lo contrario: crear una nueva identidad para romper con la pereza.

Consejo profesional: para la mayoría de las personas, la pereza es causada por la falta de claridad mental. La atención puede estar influenciada por la nutrición; los alimentos tienen un impacto directo en el funcionamiento del cerebro. La mala alimentación hace que el cerebro no esté claro y es por eso por lo que las personas exitosas gastan mucho en alimentos buenos y caros.

2) Maximizar el tiempo de un día

Este es el paso más importante: no perder el tiempo. Sin darte cuenta, tal vez estás perdiendo de cinco a diez horas al día haciendo cosas que no te benefician de manera significativa. Lo peor de todo, es que puede pasar 10 horas al día sin hacer nada. ¿Cuántas veces has actualizado tu *feed* de Instagram hoy? ¿Cuántas veces has abierto Tinder, o hablado con tus colegas cuando deberías haber estado trabajando? Puede que no te des cuenta, pero probablemente, ya has perdido una docena de horas que podrías haber usado productivamente.

Para maximizar el tiempo de un día, tienes que cambiar tu forma de pensar, pasando de consumidor a la de productor. Una mentalidad de consumidor es aquella que se enfoca en consumir influencias externas: medios sociales, entretenimiento, películas, comida, noticias, etc. Una mentalidad de productor se enfoca en la producción: hacer productos, venderlos, inventarlos, diseñarlos, , escribirlos, editarlos, etc. La mentalidad del productor te permite estar en la raíz de la vida: creas el entretenimiento que la gente consumirá, creas el contenido de los medios sociales, creas los productos que utilizarán y las tendencias que seguirán. Cuando creas valor, la gente quiere darte valor a cambio. Este es un cambio de mentalidad clave que tienes que hacer para tener éxito. Una vez que cambies a una mentalidad de productor, apreciarás mucho más su tiempo.

3) Planificar días productivos

La manera de hacerlo es actuar proactivamente. Tu nutrición y tus malos hábitos podrían tener un efecto muy negativo en tu enfoque y cerebro. Los alimentos ricos en carbohidratos como la pasta, el pan, los pasteles y las bebidas azucaradas hacen que tu cerebro se "nuble" y confunda. Con el consumo de estos alimentos, es casi imposible concentrarse. Tus desafíos pueden haber surgido del consumo de estos alimentos. La peor parte es que están tan extendidos que una persona promedio ni siquiera es consciente de cómo los alimentos pueden afectar la claridad mental. Por el contrario, los alimentos como el brócoli, las espinacas y el bistec refuerzan la concentración y, al mismo tiempo, aumentan la claridad mental.

Una vez que hayas aclarado tu mente con una buena nutrición, podrás planificar tu rutina diaria. Empieza por levantarte temprano y arreglar tus horarios de la tarde. Si te acuestas a medianoche, te será muy difícil levantarte a las 6 de la mañana. Sin embargo, si te acuestas a las 10 a las 11, te será mucho más fácil. Puedes planificar tus días para que sean productivos planificando los alimentos que consumirás en esos días, la hora en que te despertarás, la hora en que harás tus tareas y tus descansos de trabajo. Una vez que has planeado tus días, todo se reduce a la ejecución.

Cómo dejar de postergar ahora

¿Has perdido años postergando tu "gran" proyecto? ¿Qué hay de tu trabajo? ¿Demoras las tareas hasta el último segundo del plazo, y luego te dedicas a trabajar toda la noche? ¿Tienes una idea para crear algo, pero no puedes llevarlo a cabo, incluso después de años de pensarlo? La procrastinación es una enfermedad que nace en el cerebro y se propaga como el cáncer. Una vez que se propaga a una célula, se propaga a todo tu cuerpo, y te mata. Para eliminarla, hay que matarla al principio, y no dejar que se arraigue.

1) Comienza inmediatamente

Para dejar de postergar, tienes que entrar en el flujo de trabajo inmediatamente. Una vez que tu cerebro acepte que has empezado a trabajar, encontrará maneras de mantenerte en ello. Si retrasas tu proyecto hasta la tarde o la noche, probablemente lo dejes para el día siguiente. Esto crea un bucle interminable de procrastinación, y podrías desperdiciar meses o incluso años enteros en él. ¿Conoces a personas que hablan de una u otra "idea de negocio", pero que nunca hacen nada? Han sido infectados por la enfermedad de la procrastinación.

Todo lo que tienes que hacer para dejar de procrastinar es rebobinar el reloj de un futuro "punto de inicio" a un "punto de inicio" actual". ¡Hazlo ahora mismo! Deja todo lo que estás haciendo: apaga el televisor, dile a tus amigos que no vas a salir, enciérrate en tu habitación y EMPIEZA AHORA. No lo demores para el día o la semana siguiente. Recuerda la frase: "No hay mejor momento para empezar que el presente". Ya estás preparado, y debes actuar. Una vez que has empezado, has hecho el 90% del trabajo. El resto se trata de construir el impulso.

2) Optimiza tu tiempo

La manera en que gastas tu tiempo es impredecible. Podrías pensar que te despertarás por la mañana y serás productivo, pero resulta que solo terminas tomando café y viendo videos de YouTube hasta la tarde. Es por eso, que debes asignar acciones clave, con plazos exactos, para optimizar el tiempo. Si sacas un pedazo de papel y desglosas tu día por horas, serás mucho más productivo.

Por ejemplo, si te despiertas a las 6 AM, tómate un café, comienza a trabajar a las 7 AM, trabaja 2 horas; tómate un descanso de 30 minutos a las 9 AM, y continúa trabajando hasta las 12. Anota esto en un papel. Optimizar tu tiempo hace que sea imposible fallar, porque programarás una tarea para cada hora del día. Si solo te dices a ti mismo que lo harás por la mañana, probablemente inventes una excusa o hagas otra cosa. Una vez que tu día está escrito en papel, podrás realmente ejecutar basado en él. Dite a ti mismo, que aunque no termines una tarea en el tiempo que le asignaste, si has pasado todo ese tiempo trabajando, ya has hecho un buen trabajo. Recompénsate cada vez que ejecutes una tarea en su horario.

3) Divide tus proyectos en partes pequeñas

Si tratas de hacer todo a la vez, los proyectos te abrumarán, a menos que los dividas en pedazos pequeños, lo que puede significar pasar un día entero trabajando en una pequeña parte de un proyecto. Por ejemplo, si tienes que escribir un plan de negocios de 15 páginas, empieza escribiendo 5 páginas el primer día; luego escribe 5 páginas más y otras 5 páginas al otro día. ¡En 3 días, habrás terminado! Esto es mucho más realista que forzar todo el proyecto en un día.

Si te cargas con demasiado trabajo, te resultará más difícil concentrarte, y perderás la motivación porque pensarás que no estás progresando. Sin embargo, al dividir el proyecto en varias partes, puedes marcarlas en una lista de verificación. Recompénsate cada vez que completes una parte de un proyecto tomándote un descanso o dando un paseo. Eventualmente, abordarás proyectos enteros aprendiendo a dividirlos en pedazos más pequeños.

Las 5 reglas de la autodisciplina
La autodisciplina consiste en vencer la resistencia, tomar el control de tus emociones y hacer lo que es correcto para el bien común. La autodisciplina no solo la practican los budistas, artistas marciales o atletas, sino también la persona promedio que quiere tener éxito. La autodisciplina es una forma de arte, y una vez que entiendes en qué consiste, puedes empezar a aplicarla en tu vida diaria.

1) La autodisciplina es un sacrificio

Para disciplinarte, tienes que sacrificar todas tus comodidades y placeres. Ya no podrás dormir, comer en exceso o tener hábitos negativos. Tienes que sacrificar todo lo que conocías como tú "vida cómoda". La autodisciplina no es una huida que haces durante una semana, y luego regresas a tu vida de comodidad; es una tarea para toda la vida y el arte de remodelar tu identidad.

Para desarrollar la autodisciplina, tendrás que pasar por un infierno literal, y encontrarás resistencia a cada paso. Las voces de tu cabeza te tentarán a volver a tus malos hábitos, a postergar y a no hacer lo correcto; pero si te sacrificas lo suficiente, aprenderás a ignorarlos. Esta es la razón por la que la autodisciplina se reduce, esencialmente, al sacrificio.

2) La autodisciplina es un cambio de identidad

La autodisciplina no se trata de hacer que tu vida actual funcione. La gente piensa que hay "trucos" y "atajos" para mantener su forma de vida existente sin hacer cambios radicales en su identidad y forma de actuar. Si no estás preparado para cambiar completamente tu vida modificando tu horario de sueño, hábitos de nutrición, de trabajo y patrones de pensamiento, la probabilidad de que tengas éxito de la autodisciplina es muy pequeña. La autodisciplina consiste en cambiar todo tu *modus operandi*, no en hacer que el actual funcione.

3) Si sabes por qué, sabrás cómo

Si quieres autodisciplina, pregúntate a ti mismo: ¿por qué quieres autodisciplina?, ¿es para ser una mejor persona?, ¿es para ser mejor en tu trabajo?, ¿para dejar un mal hábito que afecta tu salud? Pregúntate a ti mismo: ¿por qué intentas conseguirlo? Si no sabes la respuesta, solo estarás girando como un hámster atrapado en una rueda, sin llegar a ninguna parte. Una vez que sepas lo que estás tratando de lograr, tu cerebro sabrá que el sacrificio vale la pena. Ten en mente tu objetivo final cada vez que sientas la tentación de volver a tomar sorbos de tus viejos hábitos.

4) La autodisciplina tiene que ser realista

Ten cuidado de no abrumarte con metas poco realistas. Si trabajas duro a diario y esperas convertirte en millonario en un año, es posible que descubras que eso no va a suceder. Si tratas de dejar de fumar y hacerlo de golpe, es posible que comiences fumando menos las primeras semanas, y luego dejarlo por completo. Con el fin de obtener la motivación para mantener un nuevo hábito, tu cerebro necesita pruebas de que puedes sobrevivir al cambio. A tu cerebro no le importa que tú "creas" que lo harás; quiere experimentar el cambio en primera mano. Haz esto, y tu cerebro te dará la motivación para seguir con el nuevo hábito. Empieza por tomar pequeños cambios y luego radicalízate, en lugar de hacerlo desde el principio.

5) Hacer lo que no quieres trae resultados

Si miras tu vida hacia atrás, probablemente todas las tareas duras (noches sin dormir para terminar un proyecto; sesiones de gimnasia para tener abdominales de 6-pack; trabajos duros para ganar dinero) surgieron de hacer cosas que no querías. Seguramente eran difíciles de hacer. En esencia, los trabajos más difíciles y las cosas que menos queremos hacer son los que producen más resultados para nosotros. Si puedes disciplinarte para centrarte exclusivamente en tareas y actividades productivas que aumenten tu producción, puedes maximizar tu calidad de vida y productividad.

CAPÍTULO 2 - Desarrollar una mentalidad de autodisciplina

La autodisciplina es una habilidad que se puede aprender, así como montar en bicicleta. Aprende la autodisciplina como si estuvieras tratando de aprender a andar en bicicleta o a nadar en el océano; cultivar la habilidad lleva tiempo. Si no supieras nadar, ¿cómo empezarías? Te sumergirías en el agua y empezarás a practicar. Comenzarás a mantenerte a flote por un tiempo, y lo repetirás hasta que puedas nadar. El impulso de practicar más se construye hasta convertirte en nadador. La autodisciplina se basa en dos cosas: la práctica diaria y el impulso. Para obtener autodisciplina, una persona tiene que perfeccionar su habilidad de la consistencia para dar pequeños pasos en el camino, hasta que haya integrado lo que desea aprender o incorporar.

¿Por qué necesitas autodisciplina? La respuesta: te ayuda a lograr cosas difíciles, como dejar tus malos hábitos o desempeñarte mejor en el trabajo. Para lograr tus metas, se necesita disciplina. La autodisciplina puede ser entrenada como cualquier otro hábito; la clave del éxito es la perseverancia. Una vez que fortalezcas tu autodisciplina, podrás hacer cosas en la vida como deshacerte de tus malos hábitos, aumentar tu productividad y ponerte en forma y ser feliz. La autodisciplina es difícil, ya que remodela tu mente para ir más allá de tus necesidades emocionales básicas.

Tres hábitos que construyen la autodisciplina
Consejo profesional: para desarrollar la autodisciplina, trata a tu cerebro como si fuera un atleta que necesita entrenamiento diario para competir en el campeonato deportivo. ¿Qué sucede cuando un

atleta pierde su entrenamiento diario? Se desmorona. Date tiempo si acabas de empezar, y patéate el trasero cuando tengas pereza.

Las siguientes son las tres habilidades esenciales para desarrollar una mentalidad de autodisciplina.

1) El hábito de "un día para el éxito"

La mentalidad de autodisciplina se gestiona a lo grande: tienes que preparar tu cerebro para el largo plazo, pero actuar de a pequeños incrementos diarios. La técnica #1 para obtener autodisciplina es lo que llamamos el hábito de "un día para el éxito":

- **El hábito de un día para el éxito: "si lo hiciste por un día, trátate como si ya lo hubieras logrado".**

Si te atienes a tu plan de alimentación por un día, mereces ser tan feliz como si ya hubieres perdido todo el peso. No esperes hasta tener unos abdominales *6-pack* para darte una palmadita en la espalda. El éxito a largo plazo se basa en los pequeños éxitos diarios, y tiene sentido celebrarlos una vez que hayas pasado un día completo de disciplina. Mide tu éxito basándote en lo que has hecho en un día; si te has disciplinado con éxito, trátate como si ya hubieras logrado tu meta. ¿Hiciste el trabajo hoy? Si has completado tus tareas, actúa como si ya estuvieras por llegar al objetivo.

Este es un cambio de mentalidad que hará que tu mente cobre impulso actuando como si ya hubieras logrado el objetivo después de solo un día completo de autodisciplina. Los grandes éxitos se basan en hitos diarios. El enfoque equivocado es esperar 30 días o 6 meses para recompensarte y decirte que lo has logrado. El enfoque correcto es disciplinarse por un día y luego darse palmaditas en la espalda por los logros diarios. Basa tu autoestima y felicidad en tus tareas diarias. Si ya hiciste todo lo que necesitabas hacer en el día, considérate exitoso. Si fallaste, inténtalo de nuevo mañana.

2) Mata la gratificación instantánea

La naturaleza humana nos conduce a consumir cosas que nos proporcionan una gratificación inmediata: comida chatarra, alcohol, cigarrillos, noticias, películas, medios sociales, ¿Qué tienen en común todos ellos? Que proporcionan alivio emocional y gratificación instantáneos. La autodisciplina es el arte de optimizar la mente para la gratificación tardía y a largo plazo. Si comes una barra de caramelo que sabes que no debes comer, sentirás gratificación instantánea. Si dices que no a los dulces y en su lugar consumes brócoli, en 30 días tendrás un mejor cuerpo. La diferencia es que te sentirás gratificado más tarde. La disciplina es diferente del autocontrol porque en el autocontrol ejercemos moderación, mientras que con la autodisciplina, esencialmente reconfiguramos nuestro cerebro para la disciplina a largo plazo.

La autodisciplina es una tarea de toda la vida que desafía nuestra mente continuamente. Acepta que, mientras estés vivo, tu mente siempre te empujará a tomar el camino de la gratificación instantánea; esa es tu biología siguiendo el instinto de supervivencia. Siempre queremos comer, porque cuando vivíamos en tribus, si no comíamos, moríamos. Siempre queremos tener sexo, porque si no lo hiciéramos, no nos reproduciríamos. Somos adictos a las sustancias y a los medios de comunicación social porque nos hacen vibrar el cerebro con productos químicos como la dopamina, que indican que estamos a salvo. La clave no es cambiar nuestra biología, sino observarla objetivamente y tomar el control de ella.

Consejo: conviértete en Dios. Imagínate a ti mismo como Dios observando tu habitación desde arriba. Para vencer nuestra biología, tenemos que observar nuestros comportamientos impulsivos desde la perspectiva de una tercera persona: ¿Dónde estás ahora mismo? Estás en una habitación leyendo un libro. Si vas a la cocina, observa tu comportamiento. Pregúntate a ti mismo: ¿Esta persona está haciendo algo racional, o está actuando primitivamente? Toma el control del mal comportamiento quitando tu identidad de tus acciones, y mírate a ti mismo a través del prisma de una entidad neutral.

3) Crea ondas de *momentum*

Una vez que hayas logrado tu éxito diario, repite el mismo proceso presionándote a través de tus hitos diarios. Esto creará *momentum waves* (u olas de impulso, por su traducción del inglés), en las que cabalgarás como un surfista pescando una ola en mar abierto. Encuentra una gran ola y cógela. Si te caes, vuelve a subirte. Si haces ejercicio durante 1 día, repite las acciones diligentemente durante una semana. Esto creará un gran impulso para que sigas adelante durante un mes completo. Una vez que lo hayas hecho durante un mes, sigue adelante durante un año entero.

¿Recuerdas cuando solías estar en la cima de tu productividad en el trabajo, y seguías produciendo a tiempo, ganabas dinero y tus clientes/jefes elogiaban tu trabajo? Estabas en lo que se llama ola de impulso. Una vez que tienes el impulso inicial, es imposible detenerse. La autodisciplina crea impulso. Si empujas una roca hacia abajo en una montaña, la roca comenzará a caer lentamente, pero luego acelerará. En el momento en que la roca golpea el suelo, ya puede estar yendo a más de 450km/h.

Una vez que empieces con los ejercicios diarios de autodisciplina, lo harás despacio, pero perseverarás hasta que tu ímpetu aumente, y luego, las tareas que antes considerabas "difíciles", te saldrán naturalmente. Esencialmente, en el día a día estás en una batalla con tu cableado biológico y tu mente. Una vez que te das cuenta de que no hay una solución permanente (es decir, una solución que te alivie de la lucha diaria contra tu naturaleza), y que ésta es una tarea para toda la vida, aprendes a anticiparte al desafío diario y a crear impulso gradualmente. Tómalo de a un día a la vez.

Cuatro prácticas esenciales para encender una fuerza de voluntad fuerte

¿Qué haces cuando no tienes ganas de hacer algo? ¿Cómo encuentras la energía para ir al gimnasio por la noche, cuando tienes ganas de dormir y de quedarte en casa? ¿Cómo te levantas a las 5 AM para ir a trabajar, cuando solo quieres dormir una hora más? ¿Cómo consigues la motivación para hacer las cosas que se supone que debes hacer, y hacerlas consistentemente? La respuesta: fuerza de voluntad. La fuerza de voluntad puede ser el factor decisivo entre una meta exitosa y una meta fallida.

¿Cuál es la diferencia entre un CEO millonario que dirige su propia empresa y una persona sin hogar en la calle? La fuerza de voluntad. Uno tiene la fuerza de voluntad para salir adelante y tener éxito, mientras que el otro carece de fuerza de voluntad y apenas puede subsistir en la vida. Algunas personas quieren tener éxito y saben lo que se necesita para tenerlo, pero carecen de la fuerza de voluntad para hacerlo. Este capítulo se enfoca en la importancia de la fuerza de voluntad y las 4 técnicas principales para desarrollarla para llevar a cabo tus tareas diarias.

La fuerza de voluntad es como un músculo en el cerebro: se debilita cuando no se lo entrena. Si no haces nada para practicar tu fuerza de voluntad, serás perezoso e improductivo. Trata a tu cerebro como a un vehículo, donde la fuerza de voluntad es el motor: Si no tienes motor, o si tienes uno que funciona a medias, no podrás conducir. Sin embargo, si el motor está bien engrasado y la mecánica funciona, podrás conducir por los terrenos montañosos más peligrosos. Lo mismo se aplica a tu cerebro: cuando tienes fuerza de voluntad, tienes un cerebro en funcionamiento que te hará lograr cualquier cosa. ¿Quieres poder levantarte a las 5 de la mañana y sentirte bien? ¿Quieres poder hacer ejercicio por la noche y esperar con ansias tu visita al gimnasio? ¿Quieres poder trabajar 10 horas sin descansos ni distracciones? Arregla tu fuerza de voluntad, y podrás lograrlo.

Consejo profesional: trata a la fuerza de voluntad como a un bíceps. Para aumentar la masa muscular, tienes que aumentar el peso en las áreas que influyan a los bíceps. Si dejas de levantar pesas, tus músculos se contraen. Lo mismo se aplica a la fuerza de voluntad: debes presionar tu cerebro para desarrollar la fuerza de voluntad, pero una vez que la has desarrollado, la práctica se volverá más fácil. Si dejas de trabajar en tu fuerza de voluntad, la perderás y te caerás. La fuerza de voluntad requiere disciplina constante y sacrificio diario.

La fuerza de voluntad tiene que ser construida gradualmente: no se desarrolla de la noche a la mañana. Ten cuidado de no sentirte abrumado, incluso si las metas parecen realistas. Por ejemplo, si tu meta es hacer ejercicio a las 9 PM en punto cada noche, asegúrate de no quemarte demasiado, o no podrás hacer ejercicio al día siguiente. Toma descansos y recompénsate una vez cada poco día, para no quemarse. Empieza haciendo pequeñas mejoras, y construye tu fuerza de voluntad usando las siguientes técnicas de manera gradual. Una vez que ganes impulso, continúa haciéndolo, y las acciones se convertirán en parte de tu identidad.

Recuerda la regla de los 6 meses: lo que hoy te pareció difícil de hacer, en 6 meses será algo normal. Si pensaste que correr y levantar pesas en un día era imposible, cuando lo hagas una y otra vez, descubrirás que se ha convertido en algo normal para ti después de 6 meses; y podrás agregar otra actividad más. Tu fuerza de voluntad alcanzará su punto máximo después de que tu cerebro tenga pruebas de que algo es posible. Para darle esas pruebas, debes lanzarte a la línea de fuego todos los días. Naturalmente, tendrás caídas en el proceso, pero debes levantarse. Una vez que tú el impulso se acabe, esfuérzate por hacerlo de nuevo, y tu fuerza de voluntad alcanzará su punto máximo.

1) Dale pruebas a tu cerebro, no promesas

Recuerda esta frase: **tu cerebro quiere pruebas, no promesas.** Tu cerebro funciona como una máquina de monedas: una vez que le demuestras que algo es posible, a cambio da fuerza de voluntad. Si te dices a ti mismo "hoy comeré mejor", tu cerebro no se dará cuenta y no te dará la fuerza de voluntad para hacerlo. Sin embargo, si te obligas a hacerlo, si cocinas alimentos saludables y los consumes, tu cerebro tendrá una prueba definitiva de que sí es posible. Entonces, naturalmente te dará la fuerza de voluntad para repetirlo al día siguiente. Tu cerebro demanda pruebas constantemente de que puedes hacer ciertas cosas, y debes darle pruebas físicas si quieres obtener la fuerza de voluntad a cambio. ¿Has intentado dejar de fumar? Si dejaras de fumar durante una semana, tu cerebro tendría todas las pruebas que necesita para darte la fuerza de voluntad para ser un no fumador para siempre. No basta con pensar positivamente y reafirmar que lo harás algún día; debes tomar acción física para que tu cerebro te suministre la fuerza de voluntad que necesitas.

Oblígate a hacer lo correcto por un día, y tu fuerza de voluntad aumentará dramáticamente. Si has regresado de vacaciones y te falta fuerza de voluntad para volver al trabajo, oblígate a trabajar inmediatamente. Algún que otro día trabajarás con resistencia, pero tu cerebro tendrá pruebas de que es posible. Entonces, tu fuerza de voluntad regresará y podrás volver a trabajar de la misma manera que antes. Si no has hecho ejercicio en 2 años y has perdido el estado físico, puedes reestablecer tu rutina de ejercicios haciéndola por la noche. Busca un sendero para correr, vístete y comienza a hacer ejercicio. Una vez que hayas pasado tu primera noche, tu fuerza de voluntad para repetir el proceso se elevará exponencialmente.

2) Comienza con tareas incómodas

¿Qué pasa cuando empiezas a trabajar por la mañana? Sientes incomodidad. ¿Qué pasa cuando empiezas a correr en pista? Sientes incomodidad. ¿Qué pasa cuando vas a una entrevista de trabajo? Sientes incomodidad. Incomodidad es lo que necesitas; significa que esa acción vale la pena. Ahora, piensa en lo que sucede cuando empujas a través de la incomodidad; al tiempo te acostumbras y empiezas a comprometerte con él. La incomodidad que sientes en este caso no es causada por la falta de circunstancias ideales, sino por tu propia resistencia biológica. La resistencia biológica trata de encadenarte y conservar energía, así que debes hacer lo contrario de lo que sientes dentro.

Recuerda esto: **tu cuerpo no se preocupa por tus metas**. Tu cuerpo te recompensa por hacer cosas que, en realidad, frenan tu progreso: dormir, comer comida chatarra, fumar, beber, consumir medios de comunicación. Tu biología está conectada para que liberes la menor cantidad de energía y consumas la mayor cantidad de energía posible. ¿Alguna vez te has preguntado por qué quieres hacer menos en el trabajo, por qué duermes hasta tarde, por qué quieres quedarte en la cama en lugar de ir al gimnasio? Es porque la resistencia está ahí para evitar que liberes energía excedente, esa que en realidad te llevaría a una vida de éxito.

Consejo profesional: para tener éxito, haz lo contrario a lo que tu biología te pide. ¿Quieres dormir? Levántate de la cama. ¿Quieres comer pizza? Cocínate un brócoli. ¿Quieres quedarte en casa y no hacer ejercicio? Ve al gimnasio. ¿Quieres ver Netflix y relajarte? Ve a trabajar 10 horas seguidas sin descansar.

Sintoniza con tu cuerpo, escucha lo que anhela biológicamente. En la mayoría de los casos, estás haciendo cosas basadas en impulsos biológicos; si diseñas tus acciones para hacer lo contrario de tus impulsos, crearás la fuerza de voluntad que necesitas para tener éxito. Comienza con tareas incómodas, ya sea despertarse temprano, hacer un proyecto del trabajo que has retrasado, o ir al gimnasio. De esta manera, lo incómodo se convertirá en la norma, y nunca caerás preso de tus impulsos biológicos.

3) Esfuérzate al 100% en cada tarea

La fuerza de voluntad no se trata solo de empezar, se trata de terminar tus tareas con una diligencia del 100%. ¿Cómo desarrollas la fuerza de voluntad para hacer una tarea si no es dando lo mejor de ti? El enfoque incorrecto es comenzar una tarea incómoda y holgazanear, pensando que retrasándola todavía tienes posibilidad de hacerla otro día. El enfoque correcto es trabajar como si tu vida dependiera de ello.

Imagina que alguien te pone una pistola en la cabeza y te dice: "Ve al gimnasio y haz 150 flexiones, levanta 5 veces peso y corre 16 km". ¿Encontrarías la fuerza de voluntad para hacerlo? Definitivamente sí, ya que tu vida estaría en peligro. Trata a tus tareas regulares de trabajo como si tu vida dependiera de ellas, y dales tu mejor rendimiento, incluso si la tarea no es importante. Una vez que te acostumbras a hacer todo al 100% de tu capacidad, se desplaza a otras áreas de tu vida, y tu fuerza de voluntad para hacer muchas cosas a la vez se dispara. Desarrollarás la fuerza de voluntad para trabajar, hacer ejercicio, salir y participar en proyectos divertidos sin quedarte sin energía.

4) Disminuye las distracciones

Elimina todas las distracciones que te impiden completar un trabajo. Una vez que hayas trabajado una o dos horas, tendrás ganas de tomar un descanso y disfrutar de períodos de relajación. La desventaja de esto es que, normalmente, una vez que encuentras una distracción, surgen más distracciones. . Si miras Instagram, encontrarás una publicación emotiva de tu expareja, o un anuncio que te anima a viajar a Bali. De repente, estarás en una página de reservas buscando vuelos a Bali: una distracción lleva a otra distracción, hasta que pierdes la pista de tu trabajo original por completo Para evitar esto, trata todo como si tuviera un efecto de "bola de nieve", que podría erosionar tu atención y dañar tu enfoque con solo mirarlo. ¿Recuerdas cómo desarrollas el impulso de la fuerza de voluntad? El lado malo es que también puedes desarrollar un impulso en las distracciones, así que observa que estás en el extremo correcto de ese espectro.

Tres técnicas para fortalecer tu autocontrol
El autocontrol consiste en controlar tus impulsos emocionales. Mira tus decisiones impulsivas. ¿Comes pizza a las 11 de la noche y te preguntas porqué lo hiciste? ¿Vuelves a fumar en una fiesta y habías estado tratando de dejarlo? ¿Pides algo en eBay cuando sabes que tienes que ahorrar? Esto es lo que se conoce como comportamiento impulsivo. Para obtener autocontrol sobre el comportamiento impulsivo, debes tomar el control de tus emociones. La mayoría de las emociones que causan decisiones impulsivas son difíciles de controlar, ya que están impulsadas por la ansiedad, el miedo, el estrés o incluso la felicidad. Una vez que te "drogas" con una emoción, es difícil tomar decisiones racionales.

Consejo profesional: el autocontrol es una medida "preventiva". Uno debe observar su comportamiento para tomar control de su impulsividad. El autocontrol es esencial e impermeable para hacer grandes cambios en la vida, ya que la lucha diaria de la autodisciplina está ligada a la toma de pequeñas decisiones de autocontrol de contención. ¿Cómo puedes cumplir un plan de alimentación durante un día entero cuando hay tantas opciones de alimentos disponibles? ¿Cómo concentrarse en el trabajo durante 10 horas, cuando te distraen por los medios de comunicación social? ¿Cómo detener un hábito que te perjudica, cuando te proporciona buenas emociones? La respuesta es simple: supera tu comportamiento impulsivo. Hay técnicas para superar tu impulsividad, observando tu comportamiento y corrigiéndolo antes de que se apodere de tus sentidos lógicos.

El autocontrol está a punto de evitar el comportamiento impulsivo. Hay 3 pasos para evitar el comportamiento impulsivo:

1) Identifica los desencadenantes

El comportamiento impulsivo es causado por una falta de juicio lógico. Cuando piensas racionalmente, sabes lo que es malo y bueno para ti. La naturaleza humana es, a menudo, más poderosa que la mente racional, y por eso es tan difícil de superar. La lucha por vencer a la naturaleza está ligada a nuestra biología, ya que hemos evolucionado para buscar la gratificación instantánea. Esencialmente, la mayoría de las cosas que se sienten bien son malas para nosotros a largo plazo. El comportamiento impulsivo solo puede ser corregido a nivel lógico, haciendo que tu mente racional sea más poderosa que tus impulsos físicos. ¿Cómo se logra esto? Empieza por aplicar la lógica. Identifica los factores desencadenantes por adelantado, y actúa de manera preventiva; evita ponerte en una situación en la que te sientas tentado.

Por ejemplo, si estás tratando de dejar de fumar, es posible que descubras que ir de fiesta y emborracharte te dan ganas de fumar más. Evita las fiestas, ese es tu detonante. Si quieres comer sano, no pases por panaderías u tiendas que le tienten a comprar comida chatarra. Si comes por la noche, prepárate una comida saludable por adelantado o acuéstate temprano. Identifica esos pequeños "desencadenantes", los pequeños eventos que provocan tu comportamiento impulsivo, y evítalos disminuyéndolos por completo. Muchas veces, te expones a las influencias equivocadas consumiendo medios de comunicación en línea que sirven como campo de lanzamiento hacia el mal comportamiento. Los humanos también tienen influencias a nivel subconsciente; si uno ve a sus amigos haciendo algo en los medios sociales, el cerebro los tienta a repetir ese comportamiento. Corta con todas las influencias que te desencadenen el comportamiento impulsivo.

Si la culpa del desencadenante está en ti mismo y no puedes evitar los estímulos externos (no son fiestas o tiendas que te tientan, sino tu propio comportamiento) la solución es simple: suprime tus emociones. La mayoría de los impulsos desaparecen en 10 minutos.

Si quieres fumar, espera y ocúpate de otra actividad. Solo tienes que observar tu deseo de fumar y superar tus emociones. Lo ideal es que evites todos los desencadenantes externos y suprimas tus emociones internas por un rato para evitar por completo caer de nuevo el comportamiento impulsivo.

2) Restringe el comportamiento impulsivo

El comportamiento impulsivo es temporal. Tomar el control del comportamiento impulsivo es esencial para el autocontrol, ya que significa que dominas tus impulsos primarios. Hay dos maneras de controlar el comportamiento impulsivo: 1) dejarlo pasar 2) participar en otra actividad.

Observar tu impulsividad en tercera persona puede darte una idea de cómo funciona, y la manera de suprimirla. Si puedes eliminar tu identidad de la ecuación y mirarte a ti mismo como si fueras una persona neutral, ¿seguirías sintiendo los mismos impulsos? Siente el impulso como si estuvieras al 100% y preséntate con él, sin resistirlo. En la meditación, esta práctica se conoce como "estar presente en el momento". Esto pondrá tu mente en reposo porque sabrás que tus adicciones e impulsividad no son más que el resultado de impulsos biológicos que estallan. La mente apega las historias personales a tu impulsividad, pero en esencia, es un comportamiento impulsado por la necesidad del cerebro de una rápida gratificación.

Usar actividades de reemplazo es una manera efectiva de controlar el comportamiento impulsivo: date un duchar, un paseo, toma una siesta, corre, compra una bolsa de boxeo para golpear, habla con alguien, etc. Hay muchas maneras de recuperar las emociones que buscas de tu adicción o impulsividad de una manera que no te haga daño.

3) Previene una recaída futura

¿Por qué dejar de fumar si vas a recaer en un mes? ¿Por qué comer comida orgánica si estarás volviendo a la comida chatarra en de un mes? La recaída es tu mayor amenaza a largo plazo, por lo que saber cómo anticiparla es tan esencial como identificar sus desencadenantes. La manera en que controlas tu comportamiento moldeará tu destino, y anticiparte a una futura recaída puede ayudarte a no volver a adquirir malos hábitos.

La manera de prevenir una recaída es simple: cambia tu identidad. Muchas personas se aferran erróneamente a su antigua identidad y tratan de "hacerla funcionar" cambiando sus hábitos. Sin embargo, la única manera de tener éxito en el cambio a largo plazo es cambiar quién eres como persona. Debes dejar ir tu identidad actual y convertirte en otra cosa, similar a una oruga que se transforma en mariposa. Por ejemplo, si deseas dejar de fumar, puedes utilizar técnicas para evitar comprar cigarrillos e ir a la tienda o a fiestas. Incluso puedes decirte a ti mismo que es malo para tu mente y que es un hábito terrible. Sin embargo, el enfoque correcto es asumir una identidad de no fumador. ¿Tienes amigos que no fuman? ¿Alguna vez se sienten tentados por el humo? La respuesta es no. Esto se debe a que su identidad es, fundamentalmente, la de los no fumadores. Asume la identidad de la persona en la que quieres convertirte, y perderás tus tentaciones actuales de forma natural.

Cinco trucos psicológicos para impulsar la autodisciplina
Para construir sobre tu autodisciplina y autocontrol, la psicología puede añadir una capa de fuerza de voluntad que te ayudará a atravesar los días más difíciles cuando estés empujándote a los límites de tu capacidad emocional. ¿Qué sucede cuando se rompe una semana de autodisciplina exitosa a tal punto de recaer en los malos hábitos? La manera de evitarlo es aplicar bloques de construcción psicológica: pequeñas técnicas que, cuando se apilan una encima de la otra, pueden servir como base para la salud psicológica. Piensa en los bloques de construcción psicológica como

ladrillos. Si no tuviste autodisciplina en el pasado, puedes comenzar a construir tu estructura por un día. Una vez que haya pasado un día, puedes agregar un ladrillo más. Al final tendrás una casa entera.

Recuerda la frase: "**la mente es una criatura de hábitos**". Una vez que tu mente esté entrenada para hacer algo, también puede no estarlo. Si has caído en malos hábitos, puedes revertirlo creando hábitos completamente nuevos. Esto se debe a que el cerebro no es estático, y puede ser alterado a tu forma ideal, con el fin de recuperar el control sobre tu vida. La autodisciplina consiste en tomar el control de la mente, y la psicología se especializa en su estudio.

Los trucos psicológicos no consisten en ir al científico loco que vive al lado y hacer que te enganchen con electrodos que te hagan cambiar de opinión. En su lugar, debes darte cuenta de que los cambios se pueden hacer gradualmente. Una vez que no bebiste alcohol, te enseñaste a ti mismo a hacerlo, incluso ni siquiera tomaste café; y ahora, no puedes pasar un día sin dos tazas de café. La mente es muy flexible y puede adaptarse a hábitos dañinos al igual que a hábitos "duros" nuevos que estés tratando de imponerte y que mejorarían tu vida. Si tienes poco poder sobre la mente racional, los siguientes trucos psicológicos pueden ayudarte a mejorarlo ahora:

1) Hazte presente con la meditación

¿Cómo evitar los malos pensamientos que te llevan a un comportamiento impulsivo? La respuesta es no tener ningún pensamiento. La meditación es el arte de estar presente y abandonar la mente consciente, confiando efectivamente en que el subconsciente será suficiente para ayudarte a tomar las decisiones correctas. Nuestras mentes están preocupadas con pensamientos sobre el futuro y el pasado. Pasamos demasiado tiempo pensando y poco tiempo actuando.

La meditación es un ejercicio que nos ayuda a minimizar nuestros pensamientos, y el ejercicio consiste en concentrarnos en la respiración y no pensar durante 20 minutos. Para visualizar la presencia, imagínate en los días del hombre de las cavernas: estabas cazando un animal, tenías una lanza y el animal huyó de ti. Una vez que empiezas a correr hacia el animal y a perseguir la muerte, no piensas en absoluto, porque te concentras en la muerte. Has estado completamente inmerso en el momento presente, que es lo que la meditación ayuda a lograr.

La práctica de la meditación puede reducir la ansiedad, darte más confianza y la capacidad de calibrar en el momento. Si estás trabajando en un entorno donde tienes que tomar decisiones en el momento, como el mercado de valores o las ventas en vivo, debes estar presente en ese momento. Si estás atascado en tu cabeza, tus pensamientos tomarán el control y no serás capaz de comprometerte con tu trabajo.

La meditación solo toma de 15 a 20 minutos por noche, y todo lo que uno necesita es un despertador. Pon el despertador en 15 minutos, siéntate, cierra los ojos y concéntrate en tu respiración. Sentirás la presencia apareciendo a los 5 minutos, y 15 minutos después, sentirás la presencia completa. Una vez que una persona ha meditado durante meses, puede, naturalmente, invocar este sentimiento.

2) Cambia tu corteza prefrontal

La corteza prefrontal es una parte del cerebro situada por encima de los ojos, responsable de controlar el enfoque. La corteza prefrontal controla el enfoque mediante la identificación de puntos de enfoque para el cerebro y el uso de los sentidos. Una vez que la corteza prefrontal está "enfocada" en algo, puede mantener el enfoque durante mucho tiempo. Podrías pensar que es tu cerebro él lo que hace, pero en realidad es un pedacito diminuto de él ubicado en una punta el que controla el enfoque, y tú puedes optimizarlo.

La corteza prefrontal es una reacción evolutiva a los humanos que viven en la naturaleza, cuando una criatura salvaje podría, por ejemplo, atacarte y comerte. En respuesta, la corteza prefrontal se centra inmediatamente en la amenaza y te hace consciente de que estás en peligro inmediato. También nos ha ayudado a cazar y reproducirnos. La corteza prefrontal ha permanecido, en gran medida igual, pero ahora la gente está tratando de alterarla para optimizar su enfoque en el trabajo. Incluso los medicamentos populares de enfoque como Adderall funcionan alternando la corteza prefrontal.

La manera más rápida de modificar la corteza prefrontal es obligar al cerebro a realizar una tarea difícil. Si comienzas la actividad, la corteza prefrontal encuentra maneras de mantenerla. No se activa automáticamente cuando deseas, hay que forzarla a que lo haga. ¿Quieres ir corriendo pero tu cerebro no lo hace? Salga y comienza a correr, y tu corteza prefrontal te dará el enfoque para terminar el ejercicio. ¿Quieres trabajar en un gran proyecto? Comienza a hacerlo y tu corteza prefrontal te proporcionará el enfoque y la energía que necesitas.

3) Ama el proceso

Si aprendes a amar el proceso que te lleva al éxito, lo conseguirás automáticamente. Muchas personas están orientadas a los resultados y tratan de avanzar rápidamente hasta el punto final, en lugar de concentrarse en el proceso diario que les permite alcanzarlo. Esto se debe a que vivimos en una época de medios de comunicación social en la que la gente imagina coches, destinos de viaje y champán. Como resultado, creen que el éxito es solo el punto final y no el viaje en sí mismo. Entiende que la acción más pequeña que tomes hoy tendrá repercusiones 30 días después. Si sales de tu casa para ir al gimnasio, no verás ningún resultado mañana, pero lo verás 30 días después frente al espejo.

Observa tus pasos de camino al gimnasio y elógiate a ti mismo, porque ya tienes éxito. Esos pasos lentos y cansados que das por la noche lo son. Tienes que reducir tu proceso y optimizar tu comportamiento en aquellas pequeñas tareas que producen resultados. El proceso es esencialmente un conjunto de hitos diarios que haces, y que, cuando se combinan, producen resultados. Si pasas 30 minutos en el gimnasio todas las noches, estarás en forma en 1 o 2 meses. Si trabajas 10 horas todos los días, tendrás éxito en el trabajo. Hacer el pequeño cambio psicológico de que cada acción diaria importa y contribuye al panorama general te ayudará a superar la última resistencia que tengas.

4) Optimiza para la gratificación retrasada

La gratificación retrasada se trata de una perspectiva a largo plazo. El éxito puede tomar años. Es por eso por lo que uno debe prepararse para el pensamiento a largo plazo y los sacrificios que le siguen. Gary Vaynerchuk, uno de los principales referentes del marketing de medios, pasó una década encerrado en una sala grabando videos de vino para su negocio. No fue a fiestas ni a reuniones. Perfeccionó su habilidad, y sabía que si seguía así, su éxito llegaría, aunque le llevara 10 años de trabajo sin parar.

Un experimento científico de los años 70 dirigido a los niños pequeños llamado experimento *Marshmallow* muestra esto: a cada niño se les dio un dulce de malvavisco delante de los otros. Si lo comían inmediatamente, solo tenían ese, y si esperaban más tiempo, se les daban dos. Muchos niños se comieron los caramelos de inmediato, mientras que otros esperaron y comieron dos. Más tarde, los psicólogos descubrieron que los niños que esperaban para comerse dos caramelos solían mostrar una mayor capacidad de resolución de problemas y tenían mejores resultados en el SAT, el examen de admisión para las universidades de los Estados Unidos.

5) Desestrésate periódicamente

Desestresarte es el paso siguiente a una rutina de trabajo exitosa. Uno debe tomarse el tiempo para eliminar las toxinas dañinas y reiniciarse, dándose el tiempo que necesite. Si tienes exceso de trabajo, estás bajo estrés constante y tu cuerpo está lleno cortisol, una hormona característica del estrés. El cortisol es una sustancia evolutiva que es responsable de las amenazas externas: si un animal te ataca, el cuerpo se llena de cortisol para ponerse en "alerta" y hacerte más sensible al mundo. Esto hace que sea más probable que salves tu vida cuando estés huyendo o tratando de combatir a un enemigo (en un sentido evolutivo).

El cuerpo no puede diferenciar entre el mundo moderno y los días del hombre de las cavernas; de modo que si estás bajo constante estrés en el trabajo, no reconoce que estás en una torre de oficinas en Nueva Jersey, y te llena de esa misma hormona, como si estuvieras huyendo de un tigre. La manera efectiva de desestresarse es alejarse completamente del entorno actual. Reserva un vuelo a la playa, acampa al aire libre, haz un viaje por carretera, explora tu ciudad; haz cualquier cosa que no gire en torno a tu entorno actual. Una vez que te desestresas, puedes volver al trabajo recargado.

CAPÍTULO 3 - Los secretos para establecer metas

¿Alguna vez te has mirado los kilos de más en el espejo y has pensado que "deberías perder peso" pero nunca has hecho nada en concreto por ello? ¿Quizás tomaste medidas pero te diste por vencido después de 2-4 semanas, y volviste a tus viejos hábitos? ¿Sueñas con dejar de aplastar tu alma, pero nunca lo haces porque le tienes demasiado miedo a tu jefe? ¿Estás atascado en una rutina y ves que tu vida no va a ninguna parte? ¿Tienes alguna idea de negocio ambiciosa en mente, pero has retrasado la toma de medidas durante meses o años? La mayoría de las personas piensan que deben hacerlo y saben que deben actuar. Sin embargo, su rutina diaria les impide actuar correctamente.

Establecer metas se trata de una cosa: **romper con la rutina diaria.**

La mente subconsciente sabe que, si tomas acción, tu vida cambiará, y te impide hacerlo para encadenarte a tu régimen actual. Eres esclavo de un impulso biológico. Tu cerebro quiere que permanezcas igual; es un mecanismo de protección, porque encuentra consuelo en lo familiar. Renunciar a tu trabajo, perder peso, empezar un negocio, todo eso es poco familiar, tu mente pensará en toda excusa y racionalización para evitar que cambies. Esta es la razón por la cual usted debes establecer metas SMART que sean sensibles al tiempo y rompan tu rutina para lograr que hagas lo que necesitas. La remodelación de tu vida comienza en la etapa de fijación de metas. Si te fijas metas concretas, podrás romper tu rutina y empezar a vivir la vida que siempre quisiste, paso a paso.

Empieza ahora: "el día" nunca llega

Recuerda la frase: **El día nunca llega** Sólo estás ahí cuando actúas. ¿Has postergado tus "grandes planes" para una cita imaginaria en la que supones que estarás listo? ¿Hay ideas de hace 5 años sobre las que no hayas tomado acción, pero te has dicho a ti mismo que las harás una vez que te sientas preparado? ¿Tienes una idea de negocio genial sobre la que nunca tomaste acción porque es demasiado compleja? Las metas SMART existen para darte ese último "empujón" que necesitas para patearte el trasero y tomar acción. Las metas SMART tienen que ver con romper tu rutina y tomar grandes medidas para alcanzar tus metas futuras. Este capítulo se centra en la mentalidad de fijación de objetivos que te empujará directamente a la acción.

Cómo crear objetivos SMART para un mejor rendimiento
Consejo profesional: fijar objetivos es como saltar a una piscina. Si no saltas inmediatamente, te sentirás tentado a permanecer al margen, donde no te mojas. Si saltas, verás que el agua no estaba demasiado fría, y te acostumbras a la temperatura rápidamente. Lo mismo se aplica a los objetivos SMART: puedes tomar medidas inmediatamente y completar las piezas que faltan en el camino. Nunca estarás listo hasta que tomes acción, pero una vez que lo hagas, tu cerebro encontrará maneras de mantenerte en movimiento. Por ejemplo, si renuncias a tu trabajo con un jefe abusivo, comenzarás a buscar un nuevo trabajo inmediatamente, y eventualmente conseguirás uno mejor.

Las metas SMART son los planes de acción que planificas antes de hacer. Hay una distinción entre metas SMART y HARD: las metas SMART son pequeñas metas mensuales incrementales que una persona puede alcanzar en un corto período de tiempo; mientras que las metas HARD están orientadas a largo plazo y requieren un cambio profundo de identidad. S.M.A.R.T. significa:

➔ **S-PECIFIC (específico)**

➜ **M-EASURABLE (medible)**

➜ **A-TTAINABLE (alcanzable)**

➜ **R-ELEVANT (relevante)**

➜ **TIME-BOUND (en un tiempo determinado)**

Las metas SMART separan promesas vacías como "necesito perder peso" de planes de acción concretos como "necesito perder 20 kilos en 2 meses". Si te fijas objetivos concretos con tengan planes de acción y plazos, podrás alcanzarlos categóricamente en lugar de jugar con ellos y esperar a que te motiven por instinto. Si careces de motivación, las metas SMART establecen las bases para el cambio ,al tomar pequeñas acciones diarias. Las metas SMART deben contener todo lo siguiente:

1) Específico

Los objetivos SMART deben ser específicos. La técnica es escribir fechas y horas concretas en las que se puedan llevar a cabo las acciones. Cuando escribas tu meta, empieza por escribir los detalles específicos: fecha, hora, resultado y cualquier otro detalle. Cuanto más específico seas, más concreto podrás ser sobre tus acciones. Si deseas perder peso, escribe cuántos kilos y cuántas semanas quieres tardar. Si deseas obtener un aumento, escribe cuánto por mes y qué porcentaje del salario. Si deseas comenzar un negocio, escribe en qué fecha y cuántas ventas en dólares deseas hacer por mes. Si deseas dejar de fumar, escribe cuándo fumarás por última vez y qué planeas hacer después.

Una vez, un profesor de la Escuela de Negocios de Harvard encargó a sus estudiantes que escribieran sus metas de vida en un pedazo de papel. Los estudiantes devolvieron rápidamente sus papeles al profesor. Él leyó cada pedazo de papel y los tiró a la basura frente a la clase excepto uno. Tomó el último papel que quedaba y lo leyó en voz alta, y decía: "Quiero un aumento del 10% para septiembre del próximo año". Lo señaló como el mejor trabajo de la clase porque establecía un plan de acción concreto y una fecha límite en lugar de afirmar vagamente "Quiero que me asciendan". La estudiante afirmó que quería "un aumento del 10% para septiembre del año que viene". La única diferencia entre tiempo y meta específica es lo que diferencia una meta fallida de una meta ¡SMART!

2) Medible

Recuerda la frase: **lo que se mide, se maneja.** Las metas pueden ser medidas de la misma manera en que medimos nuestros gastos de vida. ¿Sabes cuál es tu renta mensual, cuánto son tus cuentas y cuánto debes en impuestos? Piensa en tus metas como unidades medibles. Si deseas tener éxito, mide el aumento exacto de dinero que necesitas para financiar tu vida futura. Digamos que el éxito para ti es una casa. Una casa promedio en los Estados Unidos cuesta, aproximadamente, $250,000 USD. ¿Qué se necesita para obtener ese monto? Tal vez quieras comenzar un nuevo negocio o conseguir un trabajo bien pago. Sea lo que sea, lo que se mide, se logra por adelantado.

Puedes medir el progreso de tu condición física de la misma manera: si tuviste abdominales con un 16% de grasa corporal, puedes medir cuántas libras necesitas perder para bajar a ese nivel de grasa corporal. Una vez que tengas una medición general, puedes dividir tu objetivo en pequeñas mediciones diarias. Por ejemplo, si tu meta es perder 12 kilos en un mes, debe ser perder 3 kilos a la semana. Mide tu peso todos los días para asegurarte de que lo estás haciendo, y esto reforzará tu objetivo a largo plazo.

3) Alcanzable

Los objetivos SMART deben ser realistas y alcanzables en función de tu situación actual. Por eso se hace hincapié en el corto plazo. Si deseas abrir un restaurante, puedes estar a uno o dos años de la meta.

Primero, necesitas conseguir los fondos. Es probable que tengas que trabajar durante, al menos, un año antes de que puedas obtener el financiamiento inicial que necesitas para el alquiler del lugar, los suministros de alimentos, los chefs y la comercialización. Las metas tienen que ser divididas en pequeños trozos que se puedan alcanzar y apilar uno encima del otro.

Consejo profesional: piensa en las metas como la colocación de ladrillos para construir una casa. Se coloca una capa de ladrillos cada semana y se repite lo mismo durante un año. Al final del año, tienes la casa completa.

Volvamos al ejemplo del restaurante: trabaja por tu metra horas extras durante un año hasta que reúnas los fondos iniciales. Divide ese año en metas mensuales, e hitos semanales. Una vez que tengas pequeños hitos incrementales, puedes empezar a tomar medidas de inmediato. Las acciones se construirán una sobre la otra, y en 1 año habrás logrado tu objetivo final: tener un restaurante propio. Si te dices a ti mismo que un día conseguirás los fondos para un restaurante, retrasarás tu meta indefinidamente. Si cambias tu vida para optimizar las acciones diarias que te permitirían obtener los fondos, el cambio de mentalidad por sí solo te asegurará el éxito a largo plazo.

4) Relevante

Pregúntate a ti mismo: ¿es esta meta verdadera para mi corazón?, ¿quiero fijarme metas para impresionar a los demás, o es algo que siempre he querido hacer por mí mismo? Establece metas que te proporcionen satisfacción personal. Si lo haces para satisfacer a los demás, te quemarás. Las metas SMART tienen que ver con la satisfacción personal, porque tomar acción es mucho más fácil una vez que se hace para tu corazón.

Por ejemplo, si odias tu carrera universitaria y te pones como meta obtener mejores calificaciones solo para impresionar a tus padres, es probable que fracases, porque no lo que quiere tu corazón. Sin embargo, si tienes como meta cambiar de carrera y perseguir algo que sea fiel a tu corazón, se volverá mucho más ansioso por lograrlas. Las metas SMART tienen que ver con acciones concretas, pero también tienen que ver con dar vuelta tu vida. Si no estás satisfecho con tu situación actual, es hora de cambiar todo.

5) Tiempo determinado

El tiempo establece la diferencia entre una meta que se hace y una que se pierde. Si no tienes plazos, no tienes metas. Establece plazos específicos y escribe las fechas límite para todas las metas; la más importante es la fecha de inicio. Una vez que tienes una fecha de inicio, sabes que tu antigua vida está a punto de cambiar. Si la meta requiere un gran cambio en tu vida, como dejar de fumar, retrasa la fecha de inicio hasta que te sientas seguro de que podrás mantener tu nuevo comportamiento. Especifica el día exacto en que deseas comenzar. No basta con decir: empezaré el mes que viene o empezaré en octubre. Lo correcto es decir: empezaré el 15 de octubre. La sincronización asegura que tu cerebro no será capaz de pensar en excusas o postergar la fecha indefinidamente. Una vez que la fecha está escrita, quedará grabada en piedra.

Cómo definir metas DURAS para mejor rendimiento

Las metas SMART te obligan a tomar medidas; las metas sólidas te obligan a cambiar tu identidad. Las metas duras son el último nivel en al establecer metas: desafían tu identidad y te ayudan a reformarte para convertirte en la persona que siempre quisiste ser. La gran diferencia entre metas SMART y metas duras es que las metas SMART se pueden dividir en metas diarias, semanales u incrementales pequeñas, mientras que las metas duras solo se pueden trabajar con meses o años de anticipación. Las metas sólidas cortan profundamente tu alma y cuestionan si la acción que estás tomando es verdadera a tu identidad; y si no, para remodelar completamente tu identidad como persona. Imagina que las metas SMART son las que te hacen tomar acción, y las metas duras son las que te definen:

- **Objetivo SMART: Quiero empezar un negocio en 1 año.**
- **Objetivo DURO: Quiero ser un dueño de negocio exitoso.**

Las metas duras se relacionan con quién eres como persona: ¿eres una persona orientada a la condición física o que toma acción?, ¿aspiras a ser médico/propietario de un negocio/persona de familia? Los objetivos duros requieren un cambio profundo de identidad que puede llevar años o incluso décadas para materializarse. Por eso, son tan esenciales como los objetivos SMART que utilizamos para impulsarnos a través de los procesos de toma de acción y la construcción del ímpetu. Las metas duras pueden reforzar tu identidad si estás en una encrucijada en la vida y tienes una visión de en quién quieres convertirte pero te faltan las direcciones para llegar allí.

Las metas de H.A.R.D. (duras) son las siguientes:

➜ **H-EARTFELT (sentido)**

➜ **A-NIMATED (animado)**

➜ **R-EQUIRED (esencial)**

➜ **D-IFFICULT (difícil)**

1) Sentido

¿Tu meta dura es una que se mantiene fiel a tus ambiciones, valores y creencias como persona? ¿Estás estableciendo tu meta por ganar dinero y complacer a otras personas, o es algo que siempre has querido lograr desde que eras niño? Si tu meta dura es comenzar un negocio, ¿lo estás haciendo para impresionar a tu cónyuge/parientes/amigos o es algo que siempre quisiste hacer por ti mismo? Pregúntate: ¿para qué he nacido? Una vez que tengas una respuesta a esta pregunta, sabrás si tu objetivo es sincero o no. A partir de ahí, puedes empezar a trabajar en tu meta o puedes cambiar completamente el itinerario de tu vida.

Definir metas duras es difícil porque afecta profundamente tu identidad, y cuestiona si las cosas que estás haciendo son lo correcto. A menudo, verás los lazos con tu pasado y cómo llegaste a dónde estás en la vida. Muchas veces, las personas persiguen metas que no son verdaderas y luchan porque van en contra de su naturaleza. Las metas sinceras te ayudan a cumplirlas y no solo a tener éxito. Este es el nivel más alto de fijación de metas porque cuestionas si las metas se relacionan con tus deseos intrínsecos o si has sido engañado y desviado del curso por influencias que no son verdaderas para tu corazón.

2) Animado

La realidad cotidiana del trabajo es diferente del plan de acción imaginario que creamos. Imagínate a ti mismo como un emperador romano viendo la batalla de los gladiadores. Parece fácil desde la silla, pero una vez que estás en el ring, se convierte en un juego completamente diferente. Lo mismo se aplica a las metas: las acciones que tomas diariamente serán diferentes a lo que has escrito. Esta es la razón por la que tienes que ser lo más realista posible para minimizar la diferencia entre los objetivos que te has fijado y las acciones que estás tomando en la vida real.

Por ejemplo, si tu jornada laboral máxima es de 10 horas, asegúrate de preparar objetivos para la producción que un día de 10 horas puede generar en términos de ingresos y productividad. Muchas veces nuestras metas proyectadas están por debajo de nuestra producción diaria real. Notarás que querrás hacer menos trabajo, tomar más descansos y experimentar más distracciones. Esta es la razón por la cual es posible que tengas que ajustar tus metas para lo que puedas hacer de manera realista, basándote en tu comportamiento histórico. Conócete a ti mismo y tu capacidad.

Si sientes que está holgazaneando, debes optimizar para mejorar tu rendimiento. Tus metas duras tienen que ser adyacentes a tus metas SMART diarias. Por ejemplo, si solo haces ejercicio 1 hora al día (meta SMART), no puedes esperar convertirte en un fisicoculturista profesional (meta dura). Sin embargo, si haces ejercicio de 5 a 10 horas al día, de repente podrás serlo en un año. Los pequeños pasos de acción que des diariamente tienen que estar alineados con las metas duras y la perspectiva de la gran imagen.

3) Esencial

Las metas duras deben ser críticas. No pueden ser una mera formalidad. Una meta dura tiene que ser crítica para tu existencia, y debes sentir un impulso inmediato para actuar por ella. Tienes que estar en lo profundo de tu ser, o no valdrá la pena perseguirlo. Pregúntate a ti mismo: ¿qué me pica ahora que no estoy actuando? ¿Tienes una idea de negocio y ves a gente abriendo negocios similares que tú podrías hacer mejor? ¿Esto pesa profundamente en tu alma? Si es así, debes tomar medidas.

¿Te preocupa perderse Bitcoin si no inviertes ahora? ¿Te preocupa que alguien tome tu idea de negocio si no lo haces ahora? Si la meta dura es sensible al tiempo y estás sintiendo un profundo impulso de actuar ahora mismo, es algo que debes perseguir. Si quieres perseguir una formalidad, definitivamente no es una meta dura. Por ejemplo, mudarse del vecindario a uno mejor es una meta SMART, pero ¿es realmente una meta dura que desafía tu identidad? No lo es. Una meta dura es algo que cambia quién eres y desafía tu visión actual del mundo sobre lo que consideras posible.

4) Difícil

Si los objetivos no son difíciles, no vale la pena perseguirlos. Si puedes hacer algo sin cambiar toda tu vida, ¡debes pensar en grande! Pregúntate a ti mismo: ¿Qué es lo más difícil que puedes hacer ahora mismo? La tarea que requerirá la mayor energía mental, las horas más largas en el trabajo, y la mayor cantidad de sacrificio por tu parte, esa es la meta dura. Las metas duras están pensadas para ser difíciles y desafiar a tu propio ser, con el fin de desencadenar el cambio que quieres extraer de la vida.

Evita establecer metas de dificultad media tales como "perder 5 kilos de grasa" u "obtener un ascenso en el trabajo". Esas son metas SMART. El enfoque correcto para establecer metas difíciles es apuntar a la cima. ¿Cómo puedes alcanzar el máximo estado físico de tu vida tu vida y tu potencial genético en el gimnasio? ¿Cómo puedes encontrar el trabajo mejor pago en tu industria y trabajar para la corporación más grande? ¿Cómo se puede iniciar una empresa rentable y convertirse en una de las marcas más exitosas del mundo?

Esta es una tarea difícil, una que puede requerir de 5 a 10 años de perseverancia, pero que le da sentido a tu vida en gran escala. Una tarea verdaderamente difícil desafiará tu existencia, te hará cuestionar tu curso en la vida y finalmente te permitirá llegar a ser lo que siempre has soñado ser.

Ejercicio: para definir sus metas duras, hazte las siguientes preguntas y escribe las respuestas en una hoja de papel:

- ¿Dónde quiero estar en 5 años?
- ¿Qué pretendo hacer al respecto?
- ¿Qué es lo que temo perderme en la vida?
- ¿Qué planeo hacer al respecto?
- ¿Qué cambio requerirá de mí?

Las respuestas a estas preguntas te darán una visión en términos de tus objetivos reales y sinceros a largo plazo. Una vez que hayas anotado las respuestas, puedes hacer una referencia cruzada de si tus metas duras son los valores mencionados anteriormente.

Los secretos para convertir tus metas en pasos alcanzables
¿Has decidido cuáles son tus objetivos y estás atascado en el punto de partida, pero no sabes por dónde empezar? ¿Estás demasiado abrumado con el proceso de fijación de metas, y las múltiples metas que te has fijado te confunden? ¿Tienes una gran lista de "cosas que hacer" y no sabes cómo priorizar tus objetivos? Fijar metas puede abrumar a una persona, porque está haciendo demasiados cambios a la vez. Si tu trabajo ocupa la mitad de tu día y, al llegar a casa estás cansado, ¿cómo se supone que vas a encontrar la energía para hacer ejercicio?

Digamos que quieres comenzar un negocio pero necesita $100,000 USD en inventario para comenzar. ¿De dónde sacas el dinero de la inversión? ¿Qué pasa con los malos hábitos y las adicciones? Si estás tratando de dejar el cigarrillo, el alcohol y las drogas, ¿cómo sabes cuándo es suficiente? El enfoque equivocado es tratar de hacer todo a la vez: te abrumarás. Podrás durar unas semanas, pero tu motivación disminuirá. El enfoque correcto es priorizar tus metas y actuar sobre cada una de ellas individualmente, hasta que tus acciones funcionen en conjunto.

La mayoría de las personas pierden la motivación después de 4 semanas. La razón principal de ello es que se fijaron metas demasiado altas y terminaron abrumados. Por ejemplo, si alguien trata de perder 12 kilos en 4 semanas, podría tener éxito durante la primera semana usando una dieta de inanición, pero luego volverá a sus viejos hábitos alimenticios cuando el hambre vuelva a aparecer. El enfoque más inteligente para ellos sería reemplazar sus alimentos por otros más sanos, lo que tomaría más tiempo que una dieta de inanición, pero sería también más consistente.

Si estableces altas expectativas, tu lista de metas va a estar llena. Esto puede ser negativo, porque si haces demasiadas cosas a la vez, perderás la noción del significado de esas cosas. Es fundamental dar prioridad a tus objetivos y asignar tus pasos de acción gradualmente. Es mejor asumir menos metas con más significado que muchas con menos significado.

Las metas se pueden convertir en pasos de acción con un simple proceso de 4 pasos:

1) No apuntes demasiado alto

Si apuntas demasiado alto, te decepcionarás si no lo logras. Por ejemplo, si tu objetivo es ganar $1 millón de dólares en 6 meses o escalar el monte Everest en 1 mes, es probable que fracases. Establece metas realistas basadas en tus competencias. Si no eres competente, retrasa tu meta hasta que la desarrolles. Si quieres escalar el monte Everest, no podrás prepararte en un mes. Sin embargo, si te preparas con un año de anticipación, hay una mayor probabilidad de que puedas escalarlo con 12 meses de práctica.

Si quieres convertirte en millonario, ponte una meta de 5 o 10 años. De esta manera, tendrás tiempo suficiente para desarrollar y hacer crecer un negocio, o para que te sitúe en lo más alto de la escala corporativa. El enfoque correcto es apuntar a objetivos moderados que se pueden lograr preparándose y actuando en pequeños incrementos. Si apuntas demasiado alto, te quemarás. La medida más efectiva para prepararte para metas realistas es imaginar una meta fácil y duplicarla.

Establece metas basadas en la evidencia del pasado. Si una vez has perdido 7 kilos en un mes, espera repetirlo. Si has ganado $100.000 dólares en un año, deberías poder replicarlo. En el primero, es un error aspirar a 22 kilos al mes o a $100.000 dólares en un mes en lugar de un año. Una vez que tengas pruebas o un patrón que puedas usar para juzgar tu desempeño, puedes planear con anticipación, porque tus metas se solidificarán con las pruebas del pasado.

2) Limita el número de metas

Digamos que tienes 10 objetivos en tu lista de objetivos: 1)mudarte a otra ciudad, 2)perder 12 kilos, 3)dejar de fumar, 4)conseguir un mejor trabajo, 5)dejar de beber, 6)viajar a la India, 7)conseguir a una pareja,8)aprender a tocar la guitarra, 9)levantarse a las 5 AM, 10)empezar a meditar. ¿Serán realistas todos esos objetivos en un año? La respuesta es sí, pero la gran cantidad de metas te abrumaría. El hecho es que, cuando te repartes entre docenas de objetivos, no sabes por dónde empezar y pierdes la concentración en los que importan.

La mayoría de la gente escribe metas que son completamente insignificantes para su crecimiento como persona; metas como aprender a tocar un instrumento o despertarse más temprano. Las metas significativas son metas que te impulsan hacia adelante ayudándote a dejar de ser un peso muerto, como las adicciones, y te ayudan a hacer grandes movimientos, como encontrar un trabajo mejor o comenzar un negocio. Limita la cantidad de metas que estás estableciendo, optando por un máximo de 3 metas al año, esas metas deben reflejar sus mayores deseos.

3) Ordena las metas por prioridad

Si no te gusta tu cuerpo, haz de él tu meta #1 para perder peso. Si no estás satisfecho con tu situación económica, concéntrate en encontrar un nuevo trabajo. Si tu salud está sufriendo debido a una adicción, haz que tu prioridad sea dejarla. Para priorizar las metas, identifica lo que desencadenaría el mayor cambio en tu vida. Por ejemplo, comenzar un negocio haría una diferencia mucho mayor que aprender a tocar la guitarra. Una vez que hayas reducido tus metas a solo 2 o 3 metas básicas que importan, debes clasificarlas según tu nivel de competencias.

Comienza con la meta en la que eres más competente, porque esto te dará la fuerza necesaria para avanzar hacia otras metas más difíciles. Si tienes que elegir entre perder peso, encontrar un nuevo trabajo o abandonar una adicción, empieza con la que estés más seguro de tener éxito: si tienes experiencia previa en acondicionamiento físico, empieza con la pérdida de peso. Si tienes experiencia cambiando de trabajo, busca primero uno nuevo. Si tu mal hábito no es una parte importante de tu vida, olvídatelo primero.

4) Reduce las metas en incrementos semanales

Divide tus metas en incrementos semanales o pequeños hitos que puedas tachar semanalmente. Comienza por "acercarte" a tu meta más grande. Si tienes una meta que te tomará 1 año alcanzar, establece hitos mensuales más pequeños. Una vez que los hayas establecido, establece hitos semanales que se incorporen a tus hitos mensuales más importantes. De esta manera, puedes concentrar tu atención exclusivamente en la producción semanal, y esa producción semanal se traducirá en una producción mensual gradual hasta que hayas alcanzado tu objetivo final anual.

La manera de ser eficaz con objetivos a gran escala que requieren mucho tiempo es empezar con algo pequeño. Recuerda esto: **eres la culminación de tus acciones diarias.** Si estableces un hito para cada semana y llevas a cabo tus tareas a diario, considérate exitoso. Esto se debe a que las semanas se acumularán, y eventualmente alcanzarás tus metas más grandes.

Cómo recompensarte por el progreso

¿Qué pasa si tienes éxito durante 2 semanas, te tomas un descanso e inmediatamente vuelves a caer en viejos hábitos poco saludables? ¿Qué pasa si dejas de fumar y regresas después de 4 semanas? ¿Te preocupa que si te tomas un descanso, pierdas impulso y todo su trabajo duro sea en vano? Muchas personas recaen en sus malos hábitos cuando se les deja salir de la jaula; se debe a que han sido mantenidos con correa durante semanas o meses tal vez, y empiezan a anhelar su viejo estilo de vida. Es extremadamente difícil cambiar tu forma de ser, pero para evitar el agotamiento, una persona tiene que tomarse tiempo libre y recompensarse a sí misma regularmente. Para recompensarse sin volver a caer en tus viejos hábitos, es importante planificar pequeñas "recompensas" en consecuencia.

El primer paso es la planificación logística de tus recompensas. Por ejemplo, si dejas de fumar y quieres celebrarlo, es mejor reservar unas vacaciones en el extranjero que ir a una fiesta. Una vez que estés de vacaciones, podrás relajarte en la playa y tomar aire fresco, mientras que en una fiesta te sentirás tentado a volver a tu hábito de fumar. Si has cambiado tu dieta y ahora solo consumes alimentos orgánicos, debes tener cuidado de no caer en la tentación de tus viejas e insalubres formas de vida.

¿Por qué recompensarte ahora?

Recompensarte a sí mismo es útil por dos razones: 1) refuerza que tienes éxito y has cruzado un cierto hito; 2) ayuda a evitar el agotamiento en el trabajo. Las personas que trabajan duro a menudo pasan días enteros encerradas en sus oficinas para trabajar más duro y aumentar la productividad. Si lo hacen durante semanas, corren el riesgo de "quemarse" y, en esencia, de perder la motivación. Para evitar este proceso, hay muchas maneras de romper la cadena recompensándote de vez en cuando, hasta que estés completamente recargado y puedas volver a tu horario de trabajo. Si estás celebrando un pequeño hito, comienza con una pequeña celebración. Si has logrado un gran éxito, deberías considerar tomarte más tiempo libre para recompensarte, e incluso tomarte un mes entero de descanso.

Consejo profesional: recompensarte a ti mismo no se trata de publicar en los medios sociales. ¿Perdiste 2 kilos en una semana? ¿Dejaste de comer comida chatarra durante una semana? ¿Dejaste de fumar recientemente? Estos son hitos dignos de celebración, pero una recompensa tiene que llenarte espiritualmente, mostrándote un nuevo lado de la vida, uno que no es propenso a la validación externa.

Las siguientes son las mejores maneras de relajarse y recompensarte después de alcanzar un hito.

1) Resérvate un día de fin de semana de festejo

Reserva unas vacaciones de fin de semana en un lugar que no se parezca en nada a tu oficina: la montaña, la playa, el lago; naturaleza de todo tipo. Olvídate del sonido de las computadoras y los teléfonos, y desconéctate de la sociedad moderna. Si has estado trabajando durante semanas, tu cuerpo está lleno de la hormona de cortisol. Para eliminarlo de tu sistema, tienes que cambiar completamente tu entorno. Hay os vuelos baratos que puedes reservarlos por adelantado para descansar, tanto más barato como motivador, ya que estarás esperando una recompensa mientras trabaja.

Es posible viajar con un presupuesto limitado volando con aerolíneas baratas y alojándose en viviendas baratas, o incluso en casas compartidas, si eres joven. Haz que tu destino sea lo más diferente posible a tu lugar de trabajo actual. Si trabajas en un lugar muy concurrido, haz de tu destino un lugar tranquilo donde puedas sentarte y no hacer nada. No exageres. La mayoría de las veces, 1-2 días en la playa es suficiente. Siéntate junto al mar y escucha las olas por la noche. Mira las estrellas. Tómate tu tiempo para pensar en lo que hiciste en retrospectiva y en los grandes proyectos futuros que tienes por delante. Trata de meditar en tus pensamientos, te liberará de cortisol, y te recargará. Te recompensarás cambiando tu entorno y tu cerebro reforzará el hecho de que eres exitoso.

2) Crea una noche de película

Los humanos son criaturas sociales. Históricamente, evolucionamos para vivir en tribus de 150 personas, y millones de años de evolución después seguimos viviendo cerca de otras personas. Esto nos hizo anhelar la actividad social, y el compromiso con la gente nos hace más relajados. Si te sientes incómodo en las fiestas debido a las altas cantidades de alcohol, una noche de cine es la recompensa perfecta para ti. Invita a tus amigos y familiares más cercanos a ver una película o una comedia de Netflix. Cocinas palomitas de maíz y pasa la noche viendo películas. Si has logrado un gran éxito, puedes incluso beber y pedir chatarra para la noche: te lo has ganado. Termina tu noche de película preparando un agradable baño de burbujas con vino hasta altas horas de la noche. De esta manera puedes socializar y relajarse, y luego completar tu relajación con un largo baño de terapia relajante.

3) Explora la ciudad

Conoce tu ciudad y haz la primera actividad que encuentres. Ve a un partido de fútbol, a una atracción turística, a un bar, participa en un festival, si es que vives en una ciudad importante donde hay actividades las 24 horas del día. Las ciudades están llenas de opciones de entretenimiento que pueden proporcionarte actividades divertidas las 24 horas del día. ¿Extrañas los días de tu infancia cuando eras despreocupado y conducías autitos de juguete? Ve a buscar uno e invita a tu amigo. Esto te hará sentirte despreocupado y podrás combinar varias actividades a la vez. ¿Qué tal si ves un nuevo éxito de taquilla en el cine y terminas la noche con una visita a tu bar favorito? Tu ciudad probablemente tiene muchas atracciones escondidas y áreas que puedes explorar. Si no quieres gastar dinero, puedes caminar y escuchar música. Caminar es una actividad muy meditativa, porque te permite sumergirte en la energía de la ciudad.

4) Cómprate un regalo

Imagina que es tu cumpleaños y cómprate algo que siempre quisiste pero que no tuviste el valor de comprar porque eras ahorrativo. ¿Querías comprar iPhone nuevo, pero no has hecho? Recompénsate comprándotelo. Ve a tu librería favorita y cómprate un libro nuevo.

Haz un viaje a los grandes almacenes y prueba un par de jeans. Ve a comprar un nuevo par de Nike; el consumismo de la vieja escuela puede relajarte. Comprar puede hacer que te sientas nuevo y refrescar tu sentido de la moda. Sea lo que sea que te hayas perdido, recompénsate comprando un artículo que siempre quisiste.

Cuatro maneras de crear un entorno favorable para los objetivos
¿Vives en un hogar ruidoso donde no puedes hacer nada porque los ruidos lo interrumpen? ¿Tus vecinos son ruidosos y te interrumpen constantemente mientras estás tratando de hacer tu trabajo? ¿Tu escritorio está desordenado y desorganizado y luchas por organizar tus pertenencias? El entorno en el que resides repercutirá en tu productividad, al igual que las personas que te influyen.

Bruce Lee solía decir: "Si pones agua en una taza, se convierte en la taza. Si pones agua en una botella, se convierte en la botella". En otras palabras, tú eres un producto de tu entorno. ¿Qué sucede cuando tu entorno está por debajo de tu nivel y te impide alcanzar tu máximo potencial productivo? Es hora de limpiar la casa. Esto puede significar la organización de tu espacio vital actual, o puede significar el reemplazo completo de tu espacio al mudarte a un nuevo vecindario. El ambiente físico en el que resides dictará tu producción de energía. Para aprovechar al máximo tu energía, tienes que vivir en un tipo de ambiente que propicie la productividad.

Las siguientes 4 técnicas te ayudarán a crear un ambiente favorable para tus objetivos:

1) Limpia tu habitación

Para ser productivo, tienes que minimizar el espacio de tu oficina a las herramientas esenciales que necesitas: el escritorio, la silla, la computadora y/o cualquier otra herramienta necesaria para el trabajo. Tira todo lo demás a la basura. Si tu entorno está repleto de comida, cajas de pedidos de eBay, productos electrónicos, ropa y otras cosas sucias, esto se reflejará en tu productividad, porque estarás constantemente distraído por todo lo que te rodea. Lo mismo se aplica al ordenador: limpia tu escritorio y coloca cada ícono de distracción, como juegos y música, en una carpeta separada.

Solo deja en el escritorio el software más importante. Si tu habitación está sucia, tómate un día completo para limpiarla y deshacerse de cualquier artículo que no sea crítico para tu productividad. Regala tu ropa vieja a la Cruz Roja. Asegúrate de que tienes libertad para mover las manos y de que estás sentado en una posición adecuada, si estás trabajando en un escritorio. Tu espalda estará exhausta por los turnos de 10 horas de trabajo, y debes darte la contención adecuada. Una vez que hayas eliminado todos los elementos innecesarios y tu habitación esté limpia, estarás listo para empezar a producir.

2) Muévete a un área diferente

¿Vives en un área que es demasiado ruidosa y distrae? Si contestaste que sí, muévete. La diferencia en productividad que experimentarás compensará la pérdida de la vida en un ambiente libre de alquiler. Encuentra un nuevo apartamento en una zona tranquila donde puedas concentrarse al 100% en tu trabajo. Esto te permitirá minimizar todas las distracciones y maximizar la productividad. La mudanza es una táctica radical, ya que muchas personas firman contratos de alquiler de propiedades que expiran después de 6 meses o un año. Sin embargo, el aumento de la productividad merece la pena.

Se recomienda mudarse incluso si tu situación interior es ideal pero el área es demasiado dañina para sus objetivos. Si vives en un área céntrica de la ciudad donde los bares tocan música fuerte por la noche, esto afectará tu sueño. Trata de vivir en un área que sea adecuada para tus objetivos. Por ejemplo, si quieres perder peso y vives en un área con muchas panaderías y restaurantes de comida rápida, muévete a un lugar donde haya tiendas de alimentos saludables y senderos para correr. De esta manera, puedes hacer ejercicio y comprar buena comida en lugar de ser tentado por comida poco saludable.

3) Corta las malas influencias

Si algunas personas, como tu pareja o incluso tus padres, te están frenando, interrumpiendo tu horario, córtales el paso. Nuestros hábitos están formados por las personas con las que nos rodeamos, y si las personas más cercanas a ti no están alineadas con tus objetivos, esto puede crearles inconvenientes a ambos. Es prudente romper temporalmente el contacto con las personas para ver si marcan la diferencia. Por ejemplo, si te quedas en el lugar de tus padres para ahorrar dinero pero te hacen sentir como una molestia, es mejor que te mudes. Tu productividad aumentará una vez que estés libre para trabajar en tu propio espacio vital. Si tienes amigos con malos hábitos que te influyen directa o indirectamente, córtalos hasta que dejes de lado tus malos hábitos y ellos ya no puedan influir en ti. A veces, puedes poner fin a las relaciones temporalmente y reiniciarlas una vez que hayas ganado terreno en tu productividad.

4) Ve a un ambiente favorable para las metas

La sociedad moderna cuenta con espacios y entornos que se adaptan a las necesidades de las personas orientadas a objetivos. Los ejemplos más notables son los clubes de meditación y los espacios de trabajo conjunto. Los espacios de cotrabajo son un invento relativamente nuevo para las personas creativas que quieren trabajar en red. Una persona puede unirse a un espacio de cotrabajo comprando una tarjeta de membresía similar a un gimnasio. Esto les permite establecer contactos con personas de ideas afines y concentrarse cuando necesitan trabajar. Hay muchos clubes, como los clubes de meditación, donde una persona puede aprender una nueva habilidad y organizarse con personas que están familiarizadas con la práctica. Si no puedes crear un entorno favorable a tus objetivos, puedes unirte directamente a uno ya existente.

Capítulo 4: Técnicas para aumentar los resultados

Transforma tu vida con el método de hacer las cosas (GTD)
¿Olvidas las cosas pequeñas? ¿Te has recordado a ti mismo que necesitas hacer algo durante todo el día y luego terminas olvidándote de ello? Un día en el trabajo, tu jefe te encarga que traigas un documento para trabajar en él. Vuelves a casa y te vuelves paranoico, tu mente piensa: "consigue ese papel". Mientras comes y acaricias a tu perro, empiezas a pensar en esos papeles de negocios; haces *footing* pensando en ellos por la noche, y casi te tropiezas en las escaleras, y en la cama te encuentras despierto a las 3 de la mañana pensando en los mismos papeles.

A la mañana siguiente, ¿qué pasa? Te distraes con las noticias del conflicto en Siria, ves a tu perro hacer un desastre en la cocina, tu mujer te empieza a hablar de las facturas impagas, ¿y qué es lo último en lo que piensas? En los papeles de los negocios. Es cierto, lo olvidaste. Una técnica muy popular que te ayuda a recordar y organizar tu vida es el método GTD de David Allen.

El método "Get Things Done" (GTD), o el método de hacer las cosas, fue inventado por David Allen, un experto en consultoría de productividad con más de 30 años de experiencia. El libro se convirtió en uno de los más emblemáticos y vendidos de todos los tiempos. El método GTD es un método de 5 pasos que se centra en escribir todo lo relacionado con la mente, eliminar lo innecesario y convirtiendo los pensamientos "accionables" e "inaccionables" en "tareas de trabajo" apropiadas.

GTD no es para todos; es un sistema para personas que tienen tiempo para considerar todo y desean tomar el control de su vida reevaluando sus decisiones. Ejemplo: tu jefe te encarga que traiga los papeles del negocio al trabajo. ¿Cuál es tu "recordatorio" aquí? El método GTD explica que el "recordatorio" tiene que ser removido de tu cabeza escribiéndolo. Básicamente lo conviertes en un "objeto de acción" en un papel. Podemos convertir de forma efectiva todas las tareas planificadas en elementos de acción y organizarlos por prioridades. Esto hace que nuestra atención pase de pensar en los recordatorios a hacer a tomar medidas prácticas. La técnica GTD se centra en tareas importantes, por lo que todas las que requieren menos de 2 minutos para completarse no deben ser anotadas.

La Técnica GTD es un proceso de 5 pasos:

Paso 1: capturar.

Paso 2: aclarar.

Paso 3: organizar.

Paso 4: reflexionar.

Paso 5: activar.

Cómo funciona: la técnica GTD se basa en tomar nota de todos tus "incompletos" (cosas que tienes que hacer), y luego decidir si los "incompletos" son 1) "accionables" (sobre los que debes tomar acción) o 2) "inutilizables" (sobre los que no puedes hacer nada); luego debes tomar acción centrándote en los elementos de trabajo más importantes que has escrito. La técnica GTD requiere un completo "*brain dump*", o vaciado de cerebro, para anotar todo lo que le preocupa a tu mente.

Una vez que hayas completado tu descarga cerebral, tienes que dividir lo incompleto en dos formas: accionable e inaccionable. Se descartan los incompletos no accionables, mientras que los accionables se priorizan en función de cuál de ellos tiene el mayor impacto en tu vida y productividad. El método GTD requiere mucha reflexión y no se puede hacer de una sola vez. Debes estar preparado para pasar, al menos, unas horas reflexionando sobre las cosas que ocupan tu mente, escribiendo cada pensamiento y decidiendo cuál tendría el mayor impacto en tu vida.

Paso 1 - capturar

El primer paso del método GTD es escribir lo que preocupa a tu cerebro. Efectivamente, estamos tratando de completar un vacío de cerebro y escribir todo lo que llega a él. No importa si los pensamientos están relacionados con el trabajo, la familia, el negocio o el clima. Lo que importa es que, si algo está en tu mente, debe ser escrito. Los pensamientos pueden ser de gran, pequeña, o mediana importancia. Pueden ser de naturaleza personal, profesional o de otro tipo; anótalos todos. Consigue un pedazo de papel y escribe el 100% de todo lo que te preocupa. Este proceso puede tomar un tiempo, porque el ser humano promedio tiene cientos de pensamientos, pero por lo general giramos por los mismos 40-50 en una base diaria, y estos deben ser los anotados. Anota incluso los temas que no estén relacionados con tu trabajo.

Ejemplo: digamos que tienes un lunar en la cara que afecta la confianza en ti mismo y deseas visitar una clínica de para quitártelo. Anótalo. Digamos que planeas viajar a la India y has tenido esto en tu mente por años. Anótalo. Supongamos que estás a punto de iniciar un nuevo negocio, y no sabes cómo conseguir distribuidores para él. Anótalo. Deshazte de todo; tómate tu tiempo y no te apresures. Imagínate si una especie alienígena descendiera de otra galaxia y escaneara todo tu cerebro: ¿qué encontrarían? Hazlo por ti mismo, pero solo escribe lo que piensas. Vuelca tus pensamientos en un pedazo de papel.

Paso 2 - aclarar

Tu vacío cerebral debe tener, por lo menos, 50 pensamientos sólidos escritos; clasifícalos en elementos "accionables" e "inaccionables". La diferencia es que para uno se puede actuar y para los otros no se puede hacer nada. Simplemente asígnales una flecha hacia la derecha a cada pensamiento para clasificarlo accionable o no accionable. ¿Cómo sabes la diferencia? Si tienes una idea sobre cómo has sido rechazado por tu amor de la escuela secundaria, esto es "inaccionable"; no puedes conseguir una máquina del tiempo y volver atrás. Si tu pensamiento es sobre cómo necesitas perder 7 kilos en 3 semanas, esto es "factible". Clasifícalo como accionable y sigue adelante.

Una vez que hayas escrito una lista completa de elementos accionables e inaccionables, desecha estos últimos elementos a la basura. Esto dejará sobre la mesa solo las acciones a las que se puede recurrir, acciones a las que deberías dedicar tu vida. Enfócate en remover los objetos inaccionables de tu cabeza porque obstaculizan tu productividad y te roban energía mental.

Paso 3 - organizar

Ahora te quedaste con elementos que pueden ser objeto de acción, elementos sobre los que puedes tomar medidas concretas. Para proceder, debes clasificarlos de manera que dividas los que puedes lograr en un futuro inmediato o a largo plazo. Esto se basa en tus competencias y en el tiempo necesario para llevar a cabo cada paso a seguir.

Ejemplo: si tu objetivo accionable es abrir una librería, es posible que tengas que retrasarlo en favor del trabajo diario que te permitiría ahorrar lo necesario. Todos estos pensamientos son accionables, pero algunos requieren más tiempo y esfuerzo. Ésta es la razón por la cual tienes que priorizar tus planes accionables en base a cuál de ellos puedes hacer primero. Puedes dividirlos en pasos de acción diarios, semanales, mensuales y anuales. Las acciones anuales deben reflejar tus objetivos a largo plazo, mientras que tus acciones semanales y diarias deben ser actualizadas en base al trabajo y los proyectos que surgen diariamente, que son más dinámicos.

Paso 4 - reflexionar

Los pasos micro actuales requerirán cambios semanales, porque tu vida semanal es dinámica. Si bien muchas de las grandes medidas que se pueden tomar son claras y requieren un compromiso más largo, las que manejamos a diario cambiarán según las circunstancias. Digamos que quieres ahorrar $20,000 USD en un año; no puedes hacer mucho al respecto inmediatamente. Sin embargo, puedes concentrarte en ganar $500 USD a la semana, lo que en última instancia te llevaría a ahorrar $20,000 USD en un año.

Si te enfocas en ahorrar $500 USD a la semana, habrá tareas diarias y semanales que tendrás que realizar para lograrlo. Por ejemplo, es posible que necesites aumentar tu productividad en el día a día, y debes anotar tus pasos accionables para las pequeñas metas semanales que te has fijado, que en última instancia conducen a una meta más grande. Toma cada semana para revisar tus metas y cambiarlas para asegurarte de permanecer en el camino correcto.

Paso 5 - acoplar

El paso final y el más crucial, una vez que hayas completado tu "vaciado de cerebro", hayas organizado tus pasos de acción y tengas un plan semanal, todo lo que te queda es tomar acciones concretas. Mantén una lista semanal de los pasos de acción a realizar. Esto despejará tu cerebro, porque no se verá afectado por cosas que no son factibles, y puedes concentrarte al 100% en las acciones que sí afectan tu vida. Programa revisiones semanales y agrega nuevas acciones a medida que tus proyectos cambian, pero recuerda reevaluar y dar un paso atrás cada 2-3 meses en caso de que tengas nuevas prioridades y ocupaciones. Esto te asegurará que siempre estará en la cima de tu vida, y que estarás completamente organizado en la forma en que trabajas en tu productividad.

Lograr más con la técnica pomodoro

¿Te agotas en el trabajo haciendo una tarea de 30 minutos, y terminas cayendo en las redes sociales? ¿Tal vez haces de 2 a 3 tareas en un solo tirón de energía y ya has tenido suficiente? ¿Quieres morir cuando tu jefe se enfoca en que hagas varias cosas a la vez y parece que no puedes hacer ni una? Muchas personas comienzan a tomar píldoras de "enfoque" y terminan siendo adictas a los medicamentos recetados.

Incluso aquellos que trabajan desde casa, luchan con la productividad. ¡Todos hemos pasado por eso! En el momento en que tienes que trabajar, de repente también tienes que ducharte, tomar una taza de café, escuchar esa nueva canción, limpiar tu cuarto sucio; cualquier cosa para evitar hacer el trabajo. Realmente creemos que debemos hacer esas cosas, pero en el fondo sabemos que lo que estamos haciendo es procrastinar. Si eres perfeccionista, tendrás que luchar contra esto aún más, porque subes los estándares, y te lleva horas empezar a hacer algo y aun así, terminas con una producción mínima al final del día.

¿Cómo lo superas? La respuesta: divide tu día en pomodoros, con pequeñas pausas entre ellos.

El cerebro tiene una capacidad limitada. No puede concentrarse en una sola tarea durante todo un día, y requiere descansos periódicos. Desafortunadamente, la mayoría cree que, para tener éxito, tienen que hacer una temporada de 8 horas de trabajo sin parar durante la jornada laboral. Esta es la razón por la que la sociedad moderna es adicta a las píldoras recetadas que alteran nuestra química cerebral, e incluso los estudiantes están tomando Adderall para concentrarse más. Dado que alterar la química del cerebro no es saludable, la manera correcta es tener en cuenta los deseos naturales del cerebro de relajarse después de concentrarse, y planificar un día productivo con anticipación, anticipando el equilibrio entre el trabajo y la pausa. Es totalmente posible crear tu propio horario que te permita concentrarse en tareas pequeñas durante 45 minutos y luego tomar descansos entre sesiones para evitar el agotamiento. La técnica que se centra en ser productivo durante un cierto tiempo y luego seguir con una pausa periódica es la "técnica pomodoro".

Pomodoro: sesiones de trabajo de 25 minutos para el éxito

La técnica pomodoro es una famosa técnica de productividad iniciada por Francesco Cirillo, un chef italiano que descubrió que observando su reloj durante 25 minutos y luego tomando un descanso, era capaz de cocinar más y hacer mejores comidas para su restaurante. Tenía un reloj de cocina con forma de tomate con el que solía trabajar.

Cirillo dividió sus sesiones en fracciones de trabajo de 25 minutos que él llamaba "pomodoros", cada una seguida de un breve descanso (de 3 a 5 minutos) para relajarse. Se manejó de esta manera durante todo un día, y una vez que completó 4 pomodoros, se tomó un descanso más largo de 30 minutos.

La técnica pomodoro es una técnica que optimiza el cerebro para la producción de trabajo, pero luego lo relaja para evitar el agotamiento. Esto sigue un ciclo natural que responde a nuestra naturaleza evolutiva. Cuando solíamos cazar en el desierto, hace millones de años, normalmente encontrábamos un animal, luchábamos por matarlo, y luego nos tomábamos un descanso. No anduvimos por ahí con lanzas 24 horas al día, 7 días a la semana. Nuestro cerebro tiene que recibir pausas periódicas para preservar la claridad y la cordura. Lo ideal es que esos descansos se realicen de 5 minutos cada 25 minutos de trabajo, y un0de 30 después de 4 pomodoros exitosos.

Cómo funciona pomodoro: un día normal

La manera más fácil de imaginar un día normal en la técnica pomodoro es dividir el día en 4 o 5 pomodoros completos (2 horas cada uno) que se dividen; un pomodoro completo es de 2 horas, porque se divide en 4 mini pomodoros de 25 minutos. Una vez que hayas hecho 6 pomodoros completos, considera tu día de trabajo un éxito. Cuatro pomodoros completos corresponden a una jornada laboral media de 8 horas.

Por ejemplo, comienza con un mini pomodoro al despertar. Tómate 25 minutos para trabajar, luego 5 minutos de descanso y repítelo 3 veces más. Esto te tomará un total de 2 horas. Una vez que termines, borra un pomodoro completo de tu lista. Descansa 30 minutos, toma un poco de aire, escucha una canción y haz lo contrario de lo que hiciste: desconectar.

Cuando trabajas, debes estar 100% comprometido con la tarea para lograr la máxima productividad, pero una vez que estás en descanso, haz lo contrario y permite que tu cerebro se recupere sin añadirle presión. Una vez que hayas hecho tu primer pomodoro y te hayas tomado un descanso más largo de 30 minutos, repite el proceso 2 o 3 veces más antes de parar a almorzar. Tendrás, efectivamente, 3-4 pomodoros completos para la hora del almuerzo; esto son 6 duras horas de trabajo por la mañana. A la hora del almuerzo, tómate una hora de descanso para recuperarte por completo. A continuación, haz 2 pomodoros más; esto optimizará tu día para, al menos, 8 horas de trabajo. Si deseas trabajar 10 horas al día, o incluso 15, puedes añadir 2-3 pomodoros adicionales.

Las 4 reglas de pomodoro

1. Las actividades no deben requerir más de 4 pomodoros

Si una actividad requiere más de 4 pomodoros (es decir, más de 8 horas de trabajo), debes dividirla en pequeños pasos. Por ejemplo, si tienes que hacer una presentación en PowerPoint con 50 diapositivas y 10 diapositivas te llevará alrededor de 2 horas, debes dividir esa actividad en 4 pomodoros completos. De esta manera, completarás la mitad de las diapositivas en 2 pomodoros completos. No puedes introducir más trabajo en un pomodoro, ya que esto va en contra de las reglas; una vez que hayan pasado los 25 minutos, debes tomar un descanso de 5 minutos o de 30 minutos cuando corresponda. Todas las tareas grandes, que requieren más tiempo del que se da, deben dividirse en pequeños pomodoros de 25 minutos. Averigua con antelación cuánto tiempo requerirán tus actividades para optimizar tus pomodoros.

2. Los pomodoros deben ser protegidos de las interrupciones

Todas las interrupciones internas y externas deben ser eliminadas, para que un pomodoro sea considerado legítimo. No puedes trabajar durante 15 minutos y luego navegar por Facebook o hablar con un colega en el trabajo. De forma óptima, debes estar concentrado al 100% durante el pomodoro, y estar en un entorno que fomente la productividad. Prepara tu entorno minimizando el desorden, eliminando elementos innecesarios y distanciándote de las influencias que te distraen del trabajo, ya sea Internet, personas o cualquier otra distracción. Concéntrate durante el pomodoro para proteger tu productividad.

3. En el método pomodoro, las revisiones cuentan como trabajo

Se permite recapitular y revisar el trabajo durante un pomodoro, porque esto se relaciona directamente con la productividad. Ejemplo: si eres chef en un restaurante y estás al final del día laboral, necesitas tomarte un tiempo para escribir los ingredientes que tienes que comprar para el día siguiente, cuánto necesitas de cada uno, cuántos pasteles necesitas hornear y demás. Te ayuda a organizar el día, y además se contabiliza en la productividad, y puede medirse con un solo pomodoro. Si recapitulas y revisas tu trabajo, también se considera trabajo, bajo las reglas de pomodoro.

4. Optimizar pomodoros para los objetivos personales

Optimiza tus pomodoros para tomar acciones que generen valor. En esencia, el único momento en que obtenemos valor es cuando producimos valor a cambio; significa que, para ganar más dinero y ser ascendido en el trabajo, debes aumentar la calidad de tu producción. ¿Cómo se hace eso? Centrando toda tu atención en las pequeñas tareas que te permiten aumentar tu rendimiento. La mayoría de las personas pasan entre el 30% y el 40% de su jornada laboral trabajando, y el resto lo dedican a distraerse o a no hacer nada en absoluto. Si solo optimizas tu jornada laboral para trabajar al 80% de tu capacidad con el tiempo dado, puedes duplicar tu productividad y aumentar tus ingresos por un margen enorme.

Cuatros hábitos productivos del método "de Zen ha hecho"

¿Tienes dificultades para mantener tus hábitos cotidianos? ¿Retrasas tus hábitos "productivos" indefinidamente y terminas haciendo la mitad de lo que se supone que debes hacer? Organizarte puede ser agotador y confuso, porque estamos abrumados por las influencias del mundo externo, y es difícil desentenderse y concentrarse en lo que es realmente importante. Nos bombardean con estímulos en los medios sociales que nos animan a ir por el camino de la menor resistencia, e incluso lo contrario es cierto: los hábitos de productividad pueden atascar nuestra mente, porque hay demasiado de ellos y no sabemos cuál es el mejor o por dónde empezar. El método "de Zen ha hecho" es el método de productividad más simplificado y minimalista que optimiza la productividad en 4 hábitos básicos que se realizan en el día a día. Este método fue desarrollado por Leo Babauta de "Hábitos Zen" para descomponer un día en hábitos paso a paso basados en objetivos individuales.

El elemento humano de la productividad

Hay un elemento humano en la productividad: no podemos funcionar como robots que trabajan durante 30-40 minutos y luego se apagan constantemente. En realidad, a menudo experimentamos picos y descensos de productividad, sentimos una oleada de energía y después una disminución. Algunos días estamos en la cima del mundo y podemos trabajar sin parar, y otros nos quedamos sin energía y parece que no podemos hacer nada. La pregunta es: ¿cómo ganamos consistencia? Si el elemento humano nos impide actuar de la misma manera todos los días y las técnicas populares no pueden trabajar con consistencia, ¿cuál es el enfoque correcto?

El enfoque ZTD tiene en cuenta el elemento humano al centrarse en patrones de comportamiento amplios. ZTD se enfoca en comportamientos que pueden ser replicados diariamente, independientemente del estado de ánimo o los niveles de energía. El método ZTD comienza analizando tus planes más amplios, trazando efectivamente metas a largo y corto plazo, y luego enfocándose en programar pasos de acción que puedes hacer diariamente para obtener los resultados que buscas.

Los 4 hábitos del método "de Zen ha hecho"

El método *Zen to done* original incluía 10 hábitos, pero el ZTD minimalista (que es el más popular) se compone de 4 hábitos básicos:

Hábito ZTD #1: recolectar

La técnica de ZTD se centra en dejar salir todas las ideas en una sola hoja de papel: haciendo un vaciado de cerebro escribiendo todo lo que tienes en mente. Si te quedan ideas de negocios por realizar, escríbelas. Si tienes cosas que te gustaría mejorar, como tu salud o malos hábitos, escríbelas todas. No debería haber ninguna diferencia entre dejar de fumar y comenzar un negocio; ambos son pasos de acción que debes tomar y anotar. Toma un pedazo de papel o abre una nota en tu computadora y escribe todas tus metas y cosas que planeas hacer este año.

Dedica una página a tus metas y otra a los planes de acción que necesitarás para alcanzarlas. Tómate tu tiempo, ya que el primer hábito es el más importante: puede que te lleve horas recordar todas las cosas que has querido hacer y las que te molestan a diario. Si eres pobre y quieres tomar medidas para hacerte rico, escríbelo. Si no estás en forma y planeas ponerte en forma, escríbelo. Si eres adicto a una sustancia y quieres dejar de fumar, anota eso. Anota todo.

Consejo profesional: para encontrar lo que hay que escribir, sal a caminar tarde por la noche y deja que tu mente se relaje. Ponte música y deja que los pensamientos entren en tu cabeza de forma natural. Una vez que los tengas, escríbelos en el teléfono. Esto es mejor que forzar a tu cerebro a hacer cosas mientras estás encerrado en casa.

Hábito #2 de ZTD: proceso

Una vez que hayas escrito todo , es hora de convertir tus pensamientos en pasos de acción diarios que puedas seguir. Ejemplo: si tu objetivo es perder 12 kilos, es probable que tengas que tomar múltiples medidas: hacer ejercicio, reemplazar tu nutrición, beber más agua, desestresarte, etc. Para lograr todas esas cosas a la vez, tendrás que escribir lo que tendrías que hacer en un día normal. Tal vez tengas que levantarse más temprano para hacer ejercicio por la mañana; escribe eso. Tal vez tienes que comprar ropa de gimnasio y aprender a cocinar alimentos saludables; anota eso. Por la noche, si planeas correr y levantar pesas en el gimnasio, escríbelo. En esencia, tienes que escribir los nuevos hábitos que se requieren de ti cada día con el fin de lograr tus objetivos a largo plazo.

Hábito #3 de ZTD: planificar

Una vez que hayas escrito tus planes de acción diarios y tus nuevos hábitos, es importante que revises tus planes de acción basándote en las cosas que has logrado. Lo que planeamos y lo que hacemos en la vida real es muy diferente. Por ejemplo, podemos planear correr durante 30 minutos a la noche, pero nuestros niveles de energía bajan después de 10 minutos cuando realmente lo intentamos. Es por eso por lo que tenemos que optimizar para aumentar progresivamente el ejercicio haciendo 5 minutos más cada semana. De esta manera, en 4 semanas podremos lograr una carrera de 30 minutos, una vez que nuestra condición física mejore. La misma práctica se aplica a la productividad en el trabajo: aumenta progresivamente tu carga de trabajo y actualiza tus planes de acción en función de tu rendimiento.

Hábito ZTD #4: hacer

Una vez que hayas planeado todo, ¡hazlo, hazlo, hazlo! Todo se reduce a la acción. Te has quitado el desorden de la cabeza, has escrito tus metas y ahora tienes que tomar las acciones que producen los resultados. Empieza por programar cuándo vas a realizar una determinada acción en función de la hora. Ejemplo: pon tu despertador a las 5 AM y levántate temprano para trabajar. Fija los hitos que deseas alcanzar para el mediodía. Actualiza tus logros todos los días y edita tus planes de acción en consecuencia. Una vez que estés realmente comprometido con tus tareas diarias, te tomarás consciencia, en términos de la cantidad de trabajo que puedes asumir y aumentar tu rendimiento progresivamente con el fin de mejorar la producción.

¿Cómo llevar un registro de la productividad?

La computadora. Anota tus tareas diarias y semanales en una lista en la computadora. Es ideal si estás trabajando desde casa, o si dependes de ella para trabajar. Puedes editar tus planes de acuerdo con los cambios. Muchas veces, necesitamos alterar nuestras metas una vez que alcanzamos los hitos, y tu plan de acción requerirá una edición constante. La computadora es el mejor lugar para hacer esto.

Aplicaciones para *smartphones*. Encuentra una aplicación de notas que te permita escribir tus pasos de acción, o una que tenga recordatorios diarios en caso de que se te olvide algo. Utiliza el despertador para recordarte cuándo debes hacer algo determinado. Si corres a las 10 PM cada noche, ponte un despertador a las 9:30 PM.

De esta manera, tienes 30 minutos para prepararte para la carrera, tanto física como mentalmente.

La técnica de consistencia de no romper la cadena"

¿Te las arreglas para mantenerte en el buen camino con un objetivo y mantener el hábito durante un mes, tres meses o incluso medio año, pero luego tu rendimiento es insatisfactorio? ¿Tienes dificultades para aumentar tu producción anual y estás atascado en el mismo nivel salarial hace años, cuando sabes lo que necesitas hacer para aumentar tus ingresos? ¿Te preguntas por qué te pasa esto mientras tus conocidos progresan?

La respuesta es simple: no estás haciendo lo suficiente. Incluso si eres constante, lo más probable es que estés perdiendo un día o dos cada semana, y no estés maximizando tu tiempo para obtener una mejor productividad. La consistencia es un problema gigantesco para las personas que intentan reinventarse a sí mismas. A pesar del "empuje" inicial, nuestra biología finalmente nos intenta atar a la estabilidad. A menos que asumamos nuestros nuevos hábitos como parte de nuestra identidad, eventualmente regresaremos a nuestra antigua forma de vida. El mayor problema es cuando pensamos que somos consistentes pero terminamos perdiendo días que podríamos usar productivamente. ¿Cómo no romper la cadena de productividad? Usando todos los días.

Solución #1: Usar todos los días del año

Reevalúa tus días libres: incluso si te estás matando en el trabajo y estás satisfecho con tu rendimiento diario, deberías ser consciente del tiempo perdido. Permite haber mantenido tu hábito de trabajo por un año; has estado trabajando por tu sueño pero todavía no has logrado tu meta deseada. La solución: trabajar todos los días del año. Nos dan 365 días al año. Si trabajas 5 días a la semana, puedes pensar que eres consistente, pero aléjate y toma una perspectiva a gran escala; estás perdiendo 8 días al mes o casi 100 días al año. Los fines de semana perdidos se acumulan, y una vez que pierdes de 8 a 10 días al mes debido a días de descanso y festivos, te estás robando a ti mismo más de 100 días que podrías haber pasado trabajando y aumentando tu productividad. Eso es casi un tercio del año desperdiciado.

Solución #2: trabaja como si te estuvieran auditando

Si deseas aumentar tu productividad en el día a día, implementa este truco: trabaja como si te estuvieran auditando. Éste es un enorme hábito mental que entrena tu cerebro para utilizar cada minuto para mejorar la productividad. La mayoría de la gente trabaja de 2 a 3 horas en una jornada laboral media de 8 horas; el resto se lo pasa navegando por Internet, hablando con colegas, sentados en la sala de estar o sin hacer nada. Si tu trabajo depende únicamente de la producción, es decir, tus ingresos se miden en función de lo que produces y no del tiempo empleado, debes utilizar esta técnica para producir más en el tiempo indicado.

Ejemplo: echa un vistazo a tu día. Si alguien audita tu día de la misma manera que audita sus finanzas, ¿qué descubrirá? ¿Has pasado cada minuto de tu día laboral trabajando, o has holgazaneado en Internet? ¿Has tomado descansos más largos que las sesiones de trabajo? Identifica tu problema y arréglalo inmediatamente. Si aplica una auditoría rígida y exhaustiva a tu rendimiento diario, descubrirás áreas en las que necesitas mejorar y duplicar tu productividad.

El método de "no romper la cadena"

Éste es un método fiable para no romper la consistencia y hacer uso de todos los días del año; es para los personajes más difíciles, que quieren hacer un gran cambio en su vida y asumir una identidad completamente nueva que los remodela y los prepara para el futuro. El método fue popularizado por el comediante Jerry Seinfeld, uno de los hombres más importantes de la comedia y la televisión. El Sr. Seinfeld luchó con consistencia mientras su trabajo le ordenaba que actuara frente a la audiencia semanalmente, e inventó un truco que le ayudó a ser productivo todos los días del año.

Cómo funciona: toma un calendario anual, y marca los días que has trabajado con una X gigante. Pronto te darás cuenta de que si te tomas los fines de semana libres, casi una cuarta parte de los días de cada mes quedarán sin marcar. Comienza a marcar los que hayas pasado trabajando y solo marca con una "X" los que sí has completado con éxito todas las tareas del día. De esta manera, te sentirás inclinado a aumentar tu productividad en los días libres y a prepararte para la consistencia mes a mes. Este método es la elevación final de la productividad, porque está diseñado para personas que quieren hacer que cada día cuente y están listas para sumergirse completamente. Si te estás esforzando activamente y la productividad se convierte en una rutina, puedes utilizar este método para implementar una cadena de productividad que te dará lo que deseas: un salario más alto, mejor salud y condición física, más éxito en los negocios, relaciones saludables, etc.

Cuatro claves respaldadas por la ciencia para aumentar la productividad
Los estudios universitarios y los centros de investigación han llevado a cabo estudios que relacionan ciertas actividades con la productividad. Hacer ejercicio, dormir mejor y caminar se relacionan con un aumento significativo de la productividad y lo mismo puede afectar la fuerza de voluntad en proporciones significativas.

¿Recuerdas el dicho "lo que comes es lo que eres? En esencia, lo que consumimos y cómo tratamos nuestro cuerpo se refleja en nuestro desempeño mental. Si proporcionamos a nuestro cuerpo los nutrientes adecuados y el ejercicio físico que necesita, nos dará claridad mental y un mayor rendimiento en el trabajo. Para iniciar un proceso que cambie tu vida, debes comenzar por optimizar tu salud y luego aplicar los numerosos hábitos de productividad que existen.

Los siguientes estudios científicos demuestran que algunas actividades están relacionadas con el aumento de la productividad:

1. El ejercicio mejora la productividad

El estudio más grande que correlacionó el ejercicio con la productividad se llevó a cabo en la Universidad de Bristol en el Reino Unido. La universidad tomó 200 empleados y les asignó días con y sin ejercicio. Observaron el comportamiento de cada individuo en ambos días y analizaron cómo fue su desempeño. Después de analizar a los participantes, se calcularon sus resultados, y el resultado fue:

- 21% de aumento de la concentración.
- 22% de aumento en los trabajos terminados a tiempo.
- 25% más de capacidad para trabajar sin descansos.
- 41% de aumento de la motivación para trabajar.

¿Por qué el ejercicio está ligado a la productividad? El acto de hacer ejercicio no es una píldora mágica, sino que la mente refleja la condición del cuerpo. Evolucionamos para vivir en la naturaleza, y en la prehistoria, la mayoría estaba en forma porque teníamos que buscar comida y pasábamos los días al aire libre. Si estamos en forma, dormimos menos, nos concentramos más y nos sentimos más motivados. Si no estamos en forma, experimentamos constantes cambios de humor, falta de motivación/enfoque e incapacidad para ser constantes en el trabajo.

Ésta es la razón por la que mejorar tu condición física puede tener un impacto dramático en tu rendimiento en el trabajo. Este estudio determinó que el ejercicio en sí mismo aumenta la productividad casi un 25%. Si se tiene en cuenta que el estudio se llevó a cabo con personas con poca o ninguna experiencia previa en el ejercicio, es certero decir que las personas que hacen del ejercicio físico un hábito diario podrán realizar tareas mentales con un 50-100% más de capacidad que las personas que no hacen ejercicio en absoluto.

La Universidad de Stanford llevó a cabo un estudio que demostró el beneficio de caminar para la generación de ideas. Dos profesores de investigación analizaron a personas que estaban sentadas y a otras que caminaban y los efectos sobre la productividad y la generación de ideas. El estudio descubrió que las personas que caminan diariamente experimentan un aumento del 60% en respuestas únicas a los estímulos y generan más ideas originales.

2. El sueño mejora la productividad

Si te privas del sueño, es probable que te desempeñes peor en el trabajo y experimentes una baja capacidad de atención, en comparación con las personas que duermen una noche completa. La cantidad mínima de sueño es de 8 horas por noche; es lo óptimo, ya que nos permite recargarnos. El sueño aumenta el rendimiento, el estado de alerta y repone nuestra energía. Hubo dos estudios notables que demuestran que el sueño puede aumentar la productividad.

El estudio más grande del American College of Occupational and Environmental Medicine determinó que los empleados de la universidad que sufrían de insomnio tardaban tres veces más en completar tareas, en comparación con los empleados que dormían toda la noche. Se descubrió que los empleados que sufrían de falta de sueño estaban menos motivados para realizar tareas, experimentaban una grave falta de concentración y tenían problemas para recordar cosas. El sueño está ligado a todo el rendimiento mental: resistencia, concentración y consistencia. Si no dormimos lo suficiente, estamos disminuyendo nuestras capacidades de rendimiento por un margen significativo.

Varn Bexter y Steve Kroll Smith realizaron un estudio científico en un ambiente corporativo que analizó el efecto de dormir siestas. Los empleados que dormían siestas poderosas en el trabajo estaban más atentos a sus tareas y experimentaban aumentos en la productividad. Los empleadores están animando a sus trabajadores a tomar siestas en el trabajo para aumentar su rendimiento.

3. La música aumenta la productividad

La música está ligada a un creciente estímulo positivo en el cerebro y a la generación de ideas. Un estudio realizado en la Universidad de Miami determinó que las personas que escuchan música en el trabajo tienden a generar resultados más rápidos, mejores ideas y tienen un estado de ánimo positivo en comparación con las personas que no lo hacen. La música apropiada puede variar, ya que ciertas canciones pueden distraer, y si usas la música para aumentar tu productividad debes tener cuidado al elegir un disco que mejore tu estado de ánimo sin distraerte del trabajo en cuestión.

4. Las oficinas ecológicas aumentan la productividad

Recientemente, un estudio de la Universidad de Exeter en Inglaterra analizó el impacto que tienen las plantas sobre los empleados en el espacio de trabajo. El estudio se dividió en dos grupos: uno trabajaba en oficinas sin plantas y el otro en oficinas con plantas. El estudio determinó que las personas que trabajan rodeadas de plantas experimentan un aumento del 15% en la productividad y reducen los niveles de estrés. Los seres humanos evolucionaron para vivir en los bosques a medida que los árboles nos proporcionaban sombra natural. No es de extrañar que la mayoría de nosotros nos sintamos en paz cuando estamos rodeados de plantas.

Capítulo 5 - Planificación para el éxito diario

Seis rutinas matutinas para comenzar el día de la mejor manera
¿Sientes altibajos en tu productividad? Un día te despiertas productivo y listo para trabajar, y otro día te sientes lento y sin ganas de trabajar. ¿Alguna vez te has preguntado por qué la mañana es la parte más difícil del día para trabajar? La mañana marca la pauta de la productividad: si comienzas siendo productivo temprano en la mañana, es probable que mantengas tu productividad durante todo el día. Si empiezas sintiéndote perezoso, lo más probable es que no hagas nada en todo el día.

Las mañanas son perjudiciales para el éxito, porque las primeras 3 horas de la mañana es cuando la energía mental alcanza su punto máximo. Las primeras 2-3 horas al despertar es cuando experimentamos la máxima claridad mental. Es por eso por lo que debes establecer la modalidad del tu día en las primeras ¡3 horas! Si pierdes este corto período de tiempo, sentirás que la energía mental decae a lo largo del día y tu productividad será nula. Las mañanas marcan la pauta de lo que hacemos durante el día, mientras que las tardes solo nos preparan para el día siguiente, lo que nos lleva a la pregunta: ¿cómo sentirse motivado por la mañana constantemente? La solución es crear hábitos matutinos que aumentan la productividad. Los siguientes hábitos pueden duplicar tu productividad y pueden implementarse inmediatamente al despertar.

1. Despertar a las 5 AM

Despertarse temprano es un ritual que duplicará o triplicará tu productividad. El tiempo que pierdes cuando te despiertas tarde, o incluso a horas normales, pueden ser asignadas para hacer la tarea más difícil, que te liberará de estrés por el resto del día, y podrás "recablear" tu cerebro para la productividad del resto de la mañana. La mayoría de la gente se despierta a las 8 o a las 9 AM; algunas personas incluso se despiertan a las 10 AM o más tarde. Para tener éxito, debes despertarte por lo menos 2-3 horas antes que los demás. Pon tu despertador a las 5 AM o incluso a las 4 AM y empieza a trabajar temprano en la madrugada. Una rutina así te dará de 2 a 3 horas de ventaja para realizar la tarea más importante del día.

Recuerda que la mente tiene su mayor claridad dentro de las primeras 3 horas de la mañana. Si usas esas horas antes de las de trabajo reales, puedes hacer la tarea más difícil del día antes de todos despierten. Esto te da una ventaja sobre todos los demás, porque está utilizando el exceso de horas para aumentar tu productividad y puedes asignarlas a la aptitud física u otros ejercicios mentales como la meditación. Si estás acostumbrado a despertarte tarde, esta tarea será desmotivante, pero el cuerpo se ajustará al nuevo hábito en tan solo 1 o 2 semanas. Despertarse temprano no funcionará a menos que te vayas a la cama temprano, así que adelanta la hora de acostarte. Si te acuestas a medianoche y te despiertas a las 7 de la mañana, acuéstate a las 10 de la noche y despiértate a las 5 de la mañana. De esta manera, descansarás toda la noche y podrás empezar a trabajar en las primeras horas de la mañana.

2. Bebe una botella de agua

El agua aumenta la energía en mayor medida que el café. La mayoría de la gente no se da cuenta de los efectos que tiene el agua en los niveles de energía. A todos nos dicen que la hidratación nos mantiene sanos, pero nunca prestamos atención al aumento de la energía que produce. Nuestros cuerpos fueron diseñados para consumir agua, y es por eso por lo que podemos pasar hasta 40 días sin comer si bebemos agua. ¿Pero sin agua? Solo durarías una semana.

El agua es la sustancia más esencial para los órganos internos, y puede aumentar los niveles de energía de una persona por un margen del 100%. Si te despiertas sintiendo poca energía y optas por el café, acompáñalo con una botella de agua. El cuerpo es muy lento por la mañana porque se está despertando, pero cuando le das agua, ésta se asigna rápidamente a las partes más necesarias: el torrente sanguíneo, la piel, el cerebro, los músculos.

El agua acelera el flujo sanguíneo, lo que da una sensación de energía. Mantenerse hidratado por la mañana también le da a la piel un aspecto fresco en lugar de uno seco. Incluso se ha comprobado que el agua aumenta el deseo sexual en la mañana al aumentar el flujo sanguíneo a nuestros órganos reproductivos. El cuerpo se adapta a tu consumo individual de agua: si solo hoy bebes una botella grande por la mañana, probablemente tendrás que ir al baño varias veces ese día. Sin embargo, una vez que el cuerpo se acostumbra a consumir 3 o 4 botellas grandes al día, no tendrás casi inclinación a eliminarla. El consumo de agua es un hábito que vigoriza la piel, le da energía y proporciona a los órganos internos la nutrición que necesitan.

3. Limita el tiempo de los correos electrónicos

Admítelo: lo primero que hiciste al despertarte es revisar tu teléfono para ver si había notificaciones y correos electrónicos. Si trabajas en los Estados Unidos, es probable que tu bandeja de entrada esté llena todos los días. Si pierdes un día de revisar los correos electrónicos, es posible que te retrases en tu agenda, lo que te vuelve paranoico por revisarlo varias veces al día. Los correos electrónicos son asesinos de la productividad, porque nos distraen de nuestra tarea principal de la mañana. Los correos electrónicos de la mañana nos hacen pensar que tenemos 20 tareas diferentes que realizar, pero en el fondo sabemos qué tarea del día es la más importante que nos hará avanzar. Ésta es la razón por la que debes limitar el tiempo que pasas mirando tus correos electrónicos, y solo revisar la bandeja de entrada una vez para luego ir a trabajar inmediatamente.

Si dedicas más tiempo a tus correos electrónicos, te concentrarás en las tareas que se supone que debes hacer en el futuro, lo que te distraerá aún más de tus objetivos diarios. Échales un vistazo por la mañana para asegurarte de que no hay nada urgente. Si las cosas parecen normales, no lo mires hasta la última hora del día, y concéntrate en el trabajo.

4. No desayunar

Contrariamente a la creencia popular, el desayuno no es la comida más importante del día. De hecho, el desayuno es el mayor asesino de la productividad para la mayoría de las personas. Reemplaza tu desayuno con una taza de café o una botella de agua para permitir que tu cuerpo "active" los órganos internos proporcionándoles la hidratación esencial. De esta manera, el cuerpo puede activarse internamente y eliminar los desechos que se acumularon el día anterior por el consumo de alimentos.

Si comienzas el día ingiriendo alimentos, cargarás tu cuerpo con cosas que no necesita y disminuirás tus niveles de energía, porque optaste por la comida en lugar del agua. Casi todas las opciones de desayuno en el mundo moderno contienen carbohidratos altos: pan, panqueques, cereales, bagels y otras variaciones de los desayunos pesados. Esto te llena temporalmente, pero luego tu energía cae al mediodía. Si quieres matar tu energía a propósito, elige tomar un desayuno pesado. A media tarde, comenzarás a "sentir sueño" y querrás tomar una siesta a mitad del día laboral.

Consejo profesional: cuando te apetezca dormir al mediodía, ésa será tu nutrición para el trabajo. El desayuno que consumiste está matando lentamente tu energía interna y reduciendo a la mitad tus niveles de azúcar; es por eso por lo que tienes sueño.

Para evitar una fuerte disminución de energía, evita el desayuno y reemplázalo por una botella grande de agua y una taza de café, lo que te dará la misma energía que desayunar, pero tus niveles de energía no bajarán al mediodía. Tampoco sentirás esa sensación de "panza gorda", pero vaciarás el estómago y lo prepararás para el almuerzo, cuando ya podrás consumir alimentos con alto contenido de nutrientes. Si es absolutamente necesario desayunar, toma un desayuno ligero como un plátano, una manzana o unos huevos. Evita todas las formas de pastelería y alimentos azucarados, ya que son los que más energía matan.

5. Haz la tarea más grande en las primeras 3 horas

Cuando te despiertes, sabrás qué tarea requerirá de más energía y esfuerzo; ésa es tu tarea principal del día. Éste es el consejo de productividad más importante para las personas que tienen dificultades para hacer las cosas: haz esa tarea primero, y todo lo demás parecerá liviano. Comienza a trabajar en tu tarea principal en el momento en que te despiertes. De esta manera, tu cerebro obtendrá la prueba que necesita de que la tarea más difícil ya está bajo control, y la llevarás a cabo en unas pocas horas. Trata de completar la tarea en 2-3 horas, porque esas horas son las más prolíficas de la mañana. La primera hora al despertar es la más propicia para centrarse, porque el cerebro tiene una claridad mental máxima, la cual disminuye progresivamente a lo largo del día. Comienza haciendo la tarea más difícil del día.

La mayoría de las personas comienzan haciendo tareas ligeras que no requieren mucho esfuerzo. Es un gran error, porque hacen un trabajo descuidado en las primeras tareas y luego, una vez que reúnen el valor para hacer la gran tarea, ya se han quedado sin energía mental. La manera correcta de mantenerse al tanto de tu productividad es despertarse e inmediatamente tratar el trabajo como si fuera la guerra: comenzar con el proyecto más difícil y, una vez que lo hayas terminado, concentrarse en los proyectos más pequeños y menos importantes.

6. Pon un reloj frente a ti

Si tienes problemas para empezar un proyecto y te toma mucho tiempo, pon un reloj en tu escritorio. Coloca un reloj en la parte inferior derecha del escritorio de tu computadora, un reloj en el teléfono o uno físico; cualquiera es suficiente. Si te recuerdas el tiempo con frecuencia, te darás cuenta de lo rápido que pasa, lo que te inyectará un "sentido de la urgencia" que te impulsará a hacer las cosas más rápido. Colocar un reloj frente a ti también te permitirá medir cuánto tiempo tardarás en completar las tareas. De esta manera, puedes optimizar tu trabajo para completar las tareas más rápidamente.

Ejemplo: si trabajas en un centro de llamadas y llamas a los clientes para hablar por teléfono, es posible que te encuentres con que solo llamas a 5 personas por hora. Si tienes un reloj cerca de ti, esto te tentará a llamar a más y terminarás haciendo más llamadas y cerrando más ventas. Cuanto más consciente del tiempo eres, más te das cuenta de cómo pasa. Desarrollar un sentido de urgencia te dará la influencia que necesitas para ser menos vacilante y tomar más medidas en el trabajo.

Cuatro rutinas nocturnas para terminar el día a la perfección

Has tenido un día exitoso, has completado todas tus grandes tareas, cerrado nuevos tratos, viajado de ida y vuelta al trabajo. ¿Qué harás por la noche? La noche es un momento para relajarse y prepararse para el día siguiente, para que sea todo un éxito. Es crítica para las rutinas que estableces y para la formación de nuevos hábitos. Este momento del día no tiene por qué ser un momento de relajación. En lugar de acostarte en la cama y ver la televisión, puedes utilizar esas horas para hacer ejercicio, lo que mejorará tu estado físico, y que, en última instancia, mejorará tus niveles de energía del día y te hace más productivo.

Las horas nocturnas son ideales para remodelar tu cuerpo y tu mente, porque estás casi sin energía, y la poca energía que te queda puede ser asignada a actividades que tengan un impacto en tu forma física y mental. ¿Cuáles son las mejores rutinas nocturnas? ¿Debería meditar, ir al gimnasio, hacer yoga, prepararme para el trabajo del día siguiente, o hacer todo eso a la vez? La respuesta es que depende de tu situación. Si te falta actividad física, asigna todas tus horas nocturnas a actividades relacionadas con el ejercicio físico. Si te falta productividad, asigna tus horas nocturnas a aumentarla. Las siguientes son las mejores rutinas nocturnas que te ayudarán a completar tu día y a prepararte para otro día productivo.

1. Establece una rutina de ejercicio

El ejercicio es para las noches, no para las mañanas. Si crees que obtienes energía del ejercicio, pregúntate a ti mismo: ¿he hecho realmente ejercicio si me siento MÁS enérgico después de él? La gimnasia consiste en agotarnos, liberar el exceso de energía corriendo, levantando pesas y haciendo ejercicios que nos lleven a los límites. El ejercicio estimula las endorfinas, el flujo sanguíneo y hace que nos veamos muy bien. Si solo hace ejercicio durante 30 días y nunca lo has hecho antes, existe la posibilidad de que te veas muy diferente. Tu mandíbula se volverá más afinada y definida, comenzarás a perder grasa y sentirás una gran energía a lo largo del día.

Si haces ejercicio por las mañanas, solo matarás tu energía, porque es la que usas para la productividad, que disminuirá a medida haces ejercicio matutino. Sin embargo, si haces ejercicio por la noche, experimentarás lo siguiente: 1) podrás sacar "todo" porque no tienes que ahorrar energía; 2) te cansarás y te dormirás más fácilmente. Si luchas por quedarte dormido, establecer una rutina de ejercicios nocturna te cansará y te hará dormir como un bebé. Si tienes mucha energía durante todo el día, es lógico que termines el día drenándote de esa energía a través del ejercicio. El momento ideal para hacer ejercicio es 1-2 horas antes de acostarse. Si tu hora de acostarte es a las 10 PM, haz ejercicio a las 8-9 PM. De esta manera, tendrás suficiente tiempo para realizarlo, ducharte y prepararte para ir a la cama.

Los mejores ejercicios nocturnos para ti son los que se adapten a tus habilidades y objetivos actuales. Si deseas perder peso rápidamente, debes optar por el HIIT, un tipo de entrenamiento a intervalos de alta intensidad. Es un método de correr al 90-100% de su capacidad lo más rápido posible. La rutina de entrenamiento promedio consiste en 10-20 de estas carreras, con pequeñas pausas entre ellas hasta que te quedes sin energía.

Si eliges un entrenamiento menos intenso, debes tratar de comenzar a trotar a larga distancia. Comienza haciendo trotes cortos de 10 minutos y luego aumenta progresivamente la distancia cada semana. Si sientes que estás a punto de desmayarte y estás perdiendo energía, detente. No te presiones demasiado en los primeros ejercicios, solo por la motivación que sientes. Tómate tu tiempo para aumentar progresivamente los ejercicios.

Si deseas aumentar de peso, debes considerar la posibilidad de obtener una membresía en un gimnasio para tener acceso al equipo pesado. El gimnasio promedio está repleto de miles de dólares en tecnología que es inaccesible para los propietarios de gimnasios domésticos. Cuanto más en forma estés, mayor será tu nivel de energía en la oficina. Esto, a su vez, se reflejará en tu productividad, porque podrás concentrarte durante más horas, la calidad de tu producción aumentará y te cansarás menos. La buena forma física también nos hace menos sensibles a las inclemencias del tiempo; si tienes frío en los meses de invierno, lo sentirás menos cuando estés en forma. Lo contrario se aplica a los climas calurosos; las personas en forma no suelen sentir calor extremo.

Consejo profesional: deja de depender de las aplicaciones de fitness para seguir tu progreso. Si confías en la tecnología, perderás contacto con la naturaleza de tu cuerpo: pensarás en términos de km, horas y calorías. ¡Olvídate de eso! Comienza a hacer ejercicio y empuja tú mismo sin tecnología, y eventualmente te familiarizarás con tus habilidades físicas. Instintivamente, sabrás cuánto puedes correr y empujarte progresivamente.

2. Medita 20 minutos

¿Te sientes incapaz de concentrarte porque todo te distrae, e incluso cuando empiezas una tarea, no puedes mantener tu atención por mucho tiempo? La solución es ¡salir de tu cabeza! Estamos naturalmente consumidos por nuestros pensamientos y esto nos distrae, porque mientras se supone que estamos trabajando, soñamos despiertos con eventos que no tienen correlación con el trabajo. ¿Cómo salimos de nuestra propia cabeza? La única manera de ser eficaz es estar presente. Si no tienes pensamientos y te sumerges en el momento presente, puedes ser más productivo, más comprometido con tu trabajo y producir resultados de mayor calidad. La práctica que enseña el arte de la presencia es la meditación. Cualquiera puede empezar a meditar en casa gratis.

Consejo: solo necesitas asignar 15-20 minutos por la noche para practicar la meditación. No tienes que meditar como un monje budista 12 horas al día para tener éxito.

El arte de la meditación puede resumirse en "no pensar". Estar aquí es sumergirse en el momento presente. Imagínate jugando al baloncesto: te concentras en tirar los aros, disfrutas pasando la pelota, te anticipas a que otros jugadores te pasen la pelota, estás completamente inmerso en el juego. Esto es lo que se conoce como "estar presente".

¿Te sientes en el momento cuando sales un viernes por la noche, bebes con tus amigos y la conversación fluye? Esto también es estar presente. Las personas consumen alcohol porque les permite salir de su cabeza y estar presentes. Sin embargo, la práctica puede ser replicada naturalmente al aprender a salirte de tu propio camino. Es más fácil de lo que piensas: empieza por sentarte en el suelo de tu habitación, preferiblemente en un lugar donde no te distraigas con ruidos y personas. Luego, participa en tu primera sesión de meditación.

Cómo funciona: pon un cronómetro de 15 o 20 minutos, dependiendo de cuánto tiempo creas que vas a durar con los ojos cerrados. Junta las manos y cierra los ojos. Ahora concéntrate en tu respiración y deja de pensar; ni siquiera pienses en no pensar, solo enfoca tu atención en la respiración. Eventualmente, comenzarás a sentir un efecto de relajación profunda. Esto generalmente sucede una vez que estás por lo menos 5 minutos en la sesión. Eventualmente estarás completamente inmerso en el momento presente, y entonces el reloj sonará. Abrirás los ojos lentamente, el mundo parecerá surrealista y lento. Así es como sabes que has logrado una sesión de meditación completamente presente. Una vez que hayas practicado la meditación consistentemente durante un mes, evocarás naturalmente tu sentimiento presente y te sentirás más seguro, porque estarás menos atascado en tu cabeza. También hay lugares de meditación conjunta y donde se puede practicar la meditación con otras personas.

3. Date una ducha fría

Las duchas frías son extremas, pero son para las personas que quieren sacar el máximo partido a su resistencia y ponerse en contacto con su naturaleza. Las duchas frías pueden hacerte más fuerte, ponerte en contacto con tu naturaleza primaria, aumentar tu resistencia y experimentar beneficios para la salud. Piensa en los viejos tiempos: la humanidad ha evolucionado durante millones de años y solo hemos tenido lluvias calientes durante los últimos cien. Sin embargo, pensamos que las duchas calientes son las predeterminadas y las frías las "extremas". La ducha fría es la forma en que nos duchamos durante la mayor parte de la historia, y es la razón por la que la práctica conlleva numerosos beneficios.

Los principales beneficios son una descarga de dopamina, la estimulación de la quema de grasa y un aumento del flujo sanguíneo. Sin embargo, en la práctica, las duchas frías tienen ciertos beneficios "invisibles" que se manifiestan a largo plazo. Dan una descarga eléctrica a su sistema nervioso y le suministran una "llamada de atención" similar a la del café por la mañana. El choque inicial hace que el sistema nervioso anhele menos sustancias radicales y puede ayudarte a dejar de fumar cigarrillos o consumir drogas. Las duchas frías reemplazan completamente la necesidad que el cuerpo tiene de estimulación externa.

Otro beneficio importante de las duchas frías es que no sientes frío en invierno, ya que te hacen resistente al frío, y casi no sientes nada cuando sales a la calle en invierno. Ciertas comunidades en Rusia practican el salto en hielo porque el frío golpea el sistema nervioso hasta el punto de sentirse inmunes al frío en la vida diaria.

Darte una ducha fría debe hacerse progresivamente. No puedes meterte en el agua fría y helada sin primero marcarte un ritmo. Tampoco debe llamar a una ducha "fría" si te duchas con agua caliente y solo abres el agua fría los últimos 5 o 10 segundos del final. Una ducha fría tiene que durar al menos de 3 a 5 minutos para ser útil. Comienza mojando tus piernas y sintiendo lentamente el agua que golpea la piel. Sentirás escalofríos en todo el cuerpo porque estás experimentando el agua fría. Luego esparce un poco de agua en las partes superiores de su cuerpo y acostúmbrate a la temperatura. Después de que te hayas aclimatado durante uno o dos minutos, date una ducha completa. Será muy chocante, pero si resistes, eventualmente te acostumbrarás.

Consejo: imagina una ducha fría como entrar a un lago. Un lago tiene agua más fría que un océano, pero una vez que estás dentro por 2-3 minutos, el frío disminuye. Lo mismo aplica a las duchas frías. Camina despacio e imagina que estás en un lago. Eventualmente, aprenderás a manejar las bajas temperaturas.

4. Lee un capítulo de un libro (sin conexión a Internet)

Ve a tu librería favorita y compra un libro que te ayude en la vida real. Puede ser un libro relacionado con el ejercicio físico, los negocios, tu profesión, o cualquier cosa sobre crecimiento personal. Consigue la versión rústica y sal de Internet. De esta manera, podrás comprometerte completamente con el libro. Si no es demasiado grande, trata de leer un capítulo por día. Al consumir la información correcta, mejorarás tu vida y añadirás una sensación de "realización" una vez que hayas leído un capítulo completo cada noche. Esto también te ayudará a quedarte dormido de forma natural, si tienes dificultades para descansar. Es mejor leer las ediciones en papel, porque la mayoría de las *tablets* y computadora tienen luz que irradia en los ojos, lo que es perjudicial, especialmente al leer con las luces apagadas.

Consume estos 3 alimentos para tener un cerebro productivo

¿Sientes la cabeza nublada y somnolienta después de desayunar? ¿Te sientes cansado por la tarde y quieres desmayarse en la silla de la oficina? ¿Te resulta difícil levantarte de la cama, trabajar muchas horas, hacer ejercicio o hacer algo difícil? Esto no se debe a la falta de motivación, sino a que el cerebro reacciona a la nutrición. El cerebro consume el 20% de toda la nutrición (calorías) que entra en el cuerpo, lo que significa que la calidad de los alimentos se refleja directamente en la calidad de su funcionamiento. Si alguna vez te has preguntado por qué los alimentos "orgánicos" son más caros que los producidos en masa , la diferencia se debe a la calidad de los nutrientes.

La nutrición no se trata de cuán brillantes son tus abdominales 6-*pack*: se trata de la claridad de tu estado mental, la consistencia de tu enfoque y la productividad que deja al final de cada día. Todos ellos están controlados por una sola cosa: tu ingesta de alimentos. Si a tu cuerpo le das los alimentos correctos, tu cerebro se registrará y funcionará a un nivel más alto. Te permitirá trabajar más duro, te proporcionará un enfoque más largo y te permitirá realizar las tareas que te resulten difíciles.

Si consumes los alimentos adecuados, podrás desempeñarte a niveles sobrehumanos. Trabajarás en turnos de 10 horas fácilmente, correrás más kilómetros sin agotarte, pensarás con claridad y te sentirás más seguro. La gente afirma que su "neblina cerebral" desaparece una vez que empiezan a consumir los alimentos adecuados. Hay muchos alimentos que afectan positivamente al cerebro, pero los que se enumeran a continuación son los que marcan la mayor diferencia. Si deseas aumentar inmediatamente tu rendimiento para sentir una mayor energía y un enfoque duradero, concéntrate en los alimentos que se indican a continuación.

1) Verdes: brócoli, espinaca y col rizada.

Los tres reyes del verde (brócoli, espinaca y col rizada) son los alimentos más esenciales para notar una diferencia en el rendimiento del cerebro. Si tienes que comer solo 3 alimentos por el resto de tu vida, elige las 3 mejores verduras: brócoli, espinacas y col rizada. Por sí solos, estos alimentos son mejores que casi todos los demás para eliminar la confusión cerebral y establecer la claridad mental. El brócoli es, posiblemente, el más rico en nutrientes del mundo; contiene todos los ácidos grasos Omega-3 que construyen y reparan las células cerebrales en una fracción de milisegundo, e incluso tiene propiedades antienvejecimiento y de pérdida de peso. Los efectos del brócoli en el cerebro se pueden sentir ¡inmediatamente! Una vez que consumas una cabeza de brócoli, sentirás como si un caballo te hubiera dado una patada en la cabeza. Los efectos son tan poderosos y despejan tu cerebro como ningún otro alimento.

Consejo profesional: tómate 2 días para experimentar los efectos de los alimentos en tu cerebro. El primer día consume la comida más grasienta que puedas encontrar: hamburguesas, pizza, pasta. El segundo día come brócoli y espinacas mezclados. Observa los efectos sobre tu cerebro y niveles de energía 2 horas después de consumir cada uno. Notarás una mejora significativa en la claridad mental frente a una sensación de somnolencia de baja energía que dan los alimentos grasientos. Es por eso por lo que los alimentos como el brócoli cuestan más: son de mayor calidad.

Lo siguiente sucede cuando se consumen verduras: empiezas a despertar, tu cerebro empieza a obtener energía y consigues la máxima claridad cerebral. Éste es el efecto que los altos nutrientes hacen en el cerebro y cuando le proporcionan energía. Los atletas consumen alimentos verdes porque aumentan la fuerza y la resistencia en el campo. Como resultado, puedes correr más tiempo y levantar pesas más pesadas si tu estado mental es claro. El brócoli, las espinacas y la col rizada tienen efectos casi idénticos y todos estos son alimentos de primera calidad y caros. Lo ideal es que consumas alimentos verdes al menos una vez al día. Aprende a apreciar los sabores sutiles y pequeños de los verdes si actualmente tienes problemas con su sabor. Si no puedes encontrarlos naturales, la mayoría de los supermercados tienen opciones congelados. Puedes cocinarlos de un millón de maneras diferentes y mezclarlos con sabrosas especias.

2. Frutos secos y semillas

Los frutos secos son los alimentos más nutritivos para el cerebro, después de las verduras. Están cargados de ingredientes positivos que mejoran nuestras funciones cognitivas. Los más notables en la categoría frutos secos son los anacardos y las almendras, que proporcionan el mayor estímulo al cerebro y son el bocadillo perfecto para elevar la energía y mantenernos alertas y concentrados. Los frutos secos no se pueden consumir como plato principal, pero son muy efectivos como complemento de las comidas principales. Los anacardos y las almendras proporcionan la mayor densidad de grasas y proteínas que sirven de base para el músculo cerebral.

Para fortalecer los músculos del cerebro, debes consumir frutos secos con regularidad. Los anacardos y las almendras también están llenos de ácidos omega-3 y antioxidantes que mejoran la claridad mental. Los estudios científicos relacionan los anacardos con la mejora de la función cognitiva con la edad avanzada y descubrieron que pueden compensar las enfermedades de la vejez, como el Alzheimer, que están relacionadas con la capacidad cognitiva. Pueden hacer maravillas en individuos jóvenes y sanos. Asegúrate de no pasarte de la raya con los frutos secos, porque son muy densas en calorías y pueden engordar si se consumen en cantidades abundantes. Un puñado de frutos secos por día es suficiente.

3. Pescado

El pescado y el aceite de pescado son esenciales para la capacidad cognitiva, porque contienen la mayor densidad de ácidos omega-3. Los omega-3 son bloques de reparación esenciales que el cerebro utiliza para formar las células cerebrales y aumentar el flujo sanguíneo en el área cerebral. Los peces tienen la mayor densidad de Omega-3, lo que los hace esenciales para la capacidad cognitiva y la productividad. El pescado graso es el protagonista en términos de pescado rico en omega-3, en particular el atún enlatado. ¿Alguna vez has abierto una lata de atún y pensaste que ese aceite era malo para ti? En realidad, es petróleo lo que tu cerebro anhela: está ligado a mejores habilidades cognitivas, aumento de la capacidad de pensamiento y claridad cerebral.

El salmón es también un alimento excepcional para el cerebro, aunque un poco más caro. Para mejorar las funciones cerebrales, haz que el pescado forme parte de su consumo semanal de alimentos. Es posible que desees dar un paso más y aprender a cocinar pescado en lugar de confiar en el atún enlatado. Compra pescado congelado en el supermercado, ponlo en una sartén con un poco de aceite y déjalo cocinar durante 30-40 minutos. Combínalo con limones o mézclalo con verduras y disfruta de un almuerzo óptimo para el cerebro.

BONO: 4. Café

El café merece una mención honorífica entre los mejores ingredientes cerebrales que estimulan la concentración, la productividad y mejoran nuestro estado de ánimo. ¿Esperas con ansias tu mañana solo por el café? El café es un sabor adquirido porque tiene un sabor amargo, pero una vez que una persona se acostumbra al sabor, aprende a apreciarlo y espera con ansias su sabor amargo. Te sientes "alerta" cuando tomas café, porque la cafeína tiene un ingrediente activo que bloquea los químicos del cerebro conocidos como "adenosinas".

Los químicos de la adenosina pueden ser liberados por la mañana y durante el día. Es por eso por lo que el café es imprescindible para mantenernos alerta y productivos. Una taza de café puede darte un impulso de energía que dure hasta el mediodía cuando te toca almorzar. Asegúrate de no –tomar demasiado: 2 tazas al día es suficiente. Toma una taza al despertar, y retrasa la segunda taza hasta terminar las tareas del día y te sientas listo para recompensarte.

Quince afirmaciones diarias para aprender la autodisciplina cerebral

Las afirmaciones son esencialmente conversaciones personales que tenemos con nuestra mente subconsciente para exigir la fuerza de voluntad que necesitamos para alcanzar nuestras metas. El cerebro reconoce que las afirmaciones cruzan la frontera entre "quiero hacer algo" y "haré algo", es decir, tomar medidas concretas. Las afirmaciones juegan un papel importante en nuestra transformación cuando nos fijamos metas altas, porque pueden afectar nuestro sistema de autoconfianza e incentivarnos a tomar acción. Las afirmaciones pueden aplicarse a todas las áreas de la vida. Son simples frases que te repites a ti mismo cuando te despiertas y cuando te vas a la cama.

La manera de establecerlas es considerar tus metas personales (no todos pueden decirse las mismas afirmaciones). Uno puede crear afirmaciones para perder peso, de negocios, relacionadas con la confianza en sí mismo. Para determinar un área donde necesitas afirmaciones, piensa en tu mayor problema en este momento. Pregúntate a ti mismo: ¿con qué estoy luchando?, ¿en qué podría mejorar? La respuesta a esas preguntas es en qué debes basar tus afirmaciones.

La regla #1 de las afirmaciones

La regla básica de las afirmaciones es que las deben ser positivas. Una afirmación no puede ser negativa, porque la mente subconsciente no reconoce afirmaciones negativas: solo reconoce afirmaciones positivas.

✘ **Afirmación negativa**: no voy a retrasar más mi entrenamiento.

✔ **Afirmación positiva**: empezaré a hacer ejercicio esta noche.

Las afirmaciones deben ser positivas y estar escritas en primera persona. Siempre debes usar "yo" cuando escribas una afirmación, porque hace que tu cerebro registre que te refieres a ti mismo, y reconfigura tu psicología para los nuevos hábitos. La cantidad ideal de afirmaciones por objetivo está entre 5 y 10. Escribe tus afirmaciones en una hoja de papel y léelas por la mañana y noche. Puedes proponer 5 afirmaciones por objetivo. Aquí hay algunos ejemplos de afirmaciones basadas en diferentes metas.

Ejemplo: 5 afirmaciones para la pérdida de peso:

1. Voy a mejorar mis hábitos alimenticios y comeré alimentos saludables.

2. Beberé 3 botellas de agua al día.

3. Haré ejercicio todas las noches.

4. Correré carreras todas las noches a las 9 PM.

5. Pagaré una membresía para ir al gimnasio.

Ejemplo: 5 afirmaciones para el trabajo:

1. Me levantaré a las 5 AM cada día.

2. Empezaré a trabajar inmediatamente.

3. Haré la tarea más difícil a primera hora de la mañana.

4. Me centraré completamente en mi trabajo.

5. Trabajaré todos los días sin tomarme días libres.

Ejemplo: 5 afirmaciones para tener citas.

1. Me pondré en forma para ser más atractiva.

2. Compraré mejor ropa para causar una mejor impresión.

3. Empezaré a salir todos los fines de semana.

4. Conoceré gente nueva y tendré citas.

5. Encontraré a mi pareja ideal.

Regla #2: Debe ser sobre el presente.

Las afirmaciones que escribes deben estar relacionadas con el momento presente. Debes enfocar tus afirmaciones en acciones diarias que puedes tomar tan pronto como mañana mismo. Si una afirmación está fuera de tu alcance ahora o en el futuro, deséchala. Enfócate solamente en las afirmaciones que relacionas con tus luchas actuales.

Pregúntate a ti mismo: ¿qué puedo hacer ahora? La respuesta: puedes levantarte temprano, comer mejor, hacer ejercicio, conocer gente nueva. ¿Qué no puedes hacer ahora? No puedes empezar un negocio de la noche a la mañana. Las afirmaciones existen para ayudarnos después de haber navegado a través de nuestras metas y sabernos el panorama general de hacia dónde nos dirigimos; las afirmaciones reconfiguran efectivamente nuestra mente con el fin de enfocarnos en metas inmediatamente alcanzables y nos "empujan" hacia la acción.

Conclusión

Este libro es tu llamado de atención. ¡Es la señal que estabas esperando!

Tienes las técnicas, ahora, ya es hora de ponerlas en práctica.

¡DEJA DE AGUANTAR!

Este libro echa luz sobre los mayores problemas de motivación diaria y autodisciplina. Para tener éxito, pon en práctica lo que más te haya gustado. Consume toda la información. Pruébala. Usa este libro como recordatorio cuando olvides los principios básicos para mantenerte en el buen camino y darte una patada en el trasero cuando empieces a resbalar.

¿Recuerdas todas esas veces que te decías a ti mismo: lo haré cuando esté listo? Ahora es el momento, ¡tu "un día" ha llegado! Tú sabes exactamente lo que necesitas hacer para lograr tus sueños. Si has retrasado tu propósito en la vida para una fecha desconocida, si has detenido tu energía y has esperado un mejor momento, recuerda que no hay mejor momento que el momento presente para comenzar.

Si te dejamos algo, es: ten fe en ti mismo.

Tendrás muchas caídas a lo largo del viaje. También experimentarás muchos beneficios y avances.

Descubre quién eres, descubre hacia dónde te diriges y actúa.

Todos los humanos tenemos defectos, pero las técnicas aquí expuestas nos ayudarán a vivir con nuestros defectos. Esperamos que hayas desarrollado una mejor comprensión de las misteriosas formas en que funciona la naturaleza humana y de cómo nuestra biología está programada para funcionar en contra de nuestros intereses. Esperamos que llegues a conocerte y que crezcas en autoconciencia a través de las pruebas y desafíos. Nuestra naturaleza evolutiva y nuestros objetivos en la sociedad moderna están en conflicto entre sí. Para que nuestra naturaleza evolutiva y la sociedad moderna funcionen, tenemos que aplicar un conjunto de técnicas que combinan los mejores lados de ambos.

Usa la resistencia como tu brújula.

La fricción que sentimos en nuestro camino es la resistencia: la fuerza más poderosa de la naturaleza. La resistencia preserva el *statu quo*: es un mecanismo que nos protege de entrar en lo desconocido. La resistencia impide que cambie el pensamiento sobre qué es lo mejor para nosotros. Para hacer algo diferente, tenemos que sacudir nuestro sistema e imponer resistencia. La resistencia sirve como una brújula para indicarnos las cosas que realmente deberíamos estar haciendo. Si no te sientes dispuesto a trabajar en tus metas, siente la resistencia en tu cuerpo. La resistencia te dice exactamente qué hacer. La resistencia indica que te estás preparando para algo grande, que hay algo a la vuelta de la esquina. Si te presionas, nacerá una persona completamente diferente. En el fondo, ya sabes lo que es.

No demores tus sueños: comienza ahora.

Este libro abarca los métodos y técnicas más importantes para ayudarte a desarrollar la autodisciplina diaria. Ahora es el momento de llevar todo lo que has aprendido a la acción.

Como última nota, recuerda este hecho: todos somos diferentes.

Tienes que crear tu propia motivación, tus propias técnicas, tus propias disciplinas. Tú eres tu propia persona con tus propias metas, tus propios sueños y tus propias circunstancias. No estás obligado a implementar todas las técnicas que te enseñamos, y no es importante hacerlas todas a la vez. Depende de ti averiguar qué es lo que te funciona y aplicar tus propios giros en las técnicas, basándote en tus propias experiencias individuales de funcionamiento y objetivos en la vida.

Empieza por hacer algo, lo que sea. Fíjate a dónde te lleva la vida. Tu viaje en la vida es diferente al viaje de 7 billones de otros humanos que habitan el planeta. Una vez que descubras lo que funciona para ti, empieza a hacer y apunta hacia las estrellas.

NO MÁS PROCRASTINACIÓN

Hábitos Simples Para Aumentar Su Productividad Y Ponerse En Acción

Descubrir Cómo Eliminar Los Hábitos De Procrastinación Y Superar La Pereza Para Siempre

Tabla de Contenidos

INTRODUCCIÓN 109

CAPÍTULO UNO: DEJAR LOS MALOS HÁBITOS AHORA 113

Los mayores errores de concepto sobre la pereza 113

5 razones por las que eres perezoso y cómo arreglarlos 115

6 maneras de superar el cerebro perezoso 119

7 hábitos terribles que le impiden tener éxito 122

CAPÍTULO DOS: DESPERTANDO UNA MENTE MOTIVADA 126

¿qué tipo de aplazamiento es usted? 126

10 must know hacks para la motivación de soplar la mente ... 133

La mentalidad fija frente a la mentalidad de crecimiento 137

5 consejos para desarrollar una mentalidad que le traiga éxito 140

CAPÍTULO TRES: CÓMO HACER EL TRABAJO 142

11 técnicas esenciales para aumentar su productividad 142

10 secretos detrás de la productividad según los multimillonarios del mundo 147

5 estrategias de gestión del tiempo para hacer más en menos tiempo 151

CAPÍTULO CUATRO: AGUDIZAR EL ENFOQUE 155

14 ejercicios para desarrollar un enfoque agudo como una navaja de afeitar 156

El vínculo crucial entre el cerebro y el vientre 163

5 maneras de desarrollar una autodisciplina inquebrantable .. 166

CAPÍTULO CINCO: ESTABLECIMIENTO DE METAS PARA EL ÉXITO 170

Conceptos asociados con el establecimiento de metas 171

Formas de metas 172

10 técnicas para fijar metas para lograr sus metas más rápido 173

7 cosas que debe saber sobre cómo fijar las metas correctas 176

Las mejores maneras de recompensarse por las metas cumplidas 179

CAPÍTULO SEIS: NUEVO TÚ, NUEVAS RUTINAS 182

8 maneras de crear grandes hábitos que conducen al éxito 183

9 rutina de la mañana para hacer de cada día un buen día 189

6 rutinas nocturnas para asegurar que el mañana sea tan bueno como el presente 193

CAPÍTULO SIETE: NO MÁS OBSTÁCULOS 197

7 maneras de conquistar su miedo al fracaso 197

7 estrategias para vencer al monstruo del perfeccionismo 200

7 maneras en las que la positividad puede manifestar el éxito 203

5 fortaleciendo mantras para destruir el auto sabotaje y empezar a hacer las cosas. 207

CONCLUSIÓN 210

INTRODUCCIÓN

No importa en qué fase de su vida se encuentre actualmente, o en qué profesión se encuentre. La verdad es que todos estamos tratando de superar la dilación de una manera u otra. Anhelamos no sólo obtener resultados, sino también obtenerlos rápidamente. Los resultados son buenos, pero cuanto antes lleguen, mejor para nosotros. Y aquí es donde entra en juego la dilación.

La mayoría de nosotros ya tenemos todo planeado. Nuestras cabezas burbujean con un montón de ideas y visiones, y queremos empezar lo antes posible, pero la dilación nos impide alcanzar los logros. Es tan sutil que nunca sabes que estás siendo retenido.

La mayoría de las personas que dejan las cosas para más tarde terminan completando sus tareas antes de la fecha límite, pero en la mayoría de los casos, terminan el trabajo bajo presión. Un procrastinador nunca está satisfecho con el trabajo terminado, ni siquiera cuando se completó antes de la fecha límite. Siempre existirá el temor de que algo no se haya hecho bien. La dilación te obliga a vivir en la ansiedad y el miedo perpetuo.

Hay esperanza. El primer paso es entender que hay un problema. Una persona que posterga y que no lo sabe, está en camino a la mayor trampa del mundo. Saber que tienes un problema es el principio de la solución. La dilación es complicada, pero se puede entender. Sólo tienes que entender de qué se trata. Y eso es lo que te ayudaré a hacer en este libro: entender la postergación.

Sólo se puede romper su fortaleza después de entender lo que la hace fuerte. Hay pequeños detalles que pueden ayudarle a superar la dilación. ¿Sabe que el contenido de su estómago en un momento dado puede tener un efecto en su productividad en ese momento? Sorprendente, ¿verdad? Pero ese es el caso.

Al seguir mis guías en este libro, quiero asegurarle que está en buenas manos. Soy Ethan Grant, y me encanta pensar que soy un agente de productividad. Soy uno de los principales oradores sobre el tema de la productividad. Entiendo tanto el concepto de productividad como el de dilación, y sé cómo cambiarlos en una persona.

Hay algo a lo que me refiero con la psicología del procrastinador. Es tan fuerte en los procrastinadores que casi nunca saben que existe. Se lo revelaré durante nuestro viaje a través de las páginas de este libro. Sólo les pido que se queden conmigo y estén tan atentos y proactivos como pueden para que puedan cambiar. He diseñado este libro en la forma más simple posible para que pueda beneficiar a cualquier persona que lo lea. Los pasos listados son todos prácticos, por lo que tendrá problemas para seguirlos.

Toni Morrison escribió en uno de sus libros: "Si te rindes al aire, puedes montarlo". Hay muchas posibilidades en tu vida. Las cantidades de cosas que usted puede lograr son bastante abrumadoras, pero la postergación nunca se lo permitirá.

Si alguna vez te has sentado a imaginar todas las grandes cosas que pudiste haber hecho pero no hiciste, a pesar de que estás 100% seguro de que tienes todo lo que se necesita, entonces, debes saber que tienes un problema de dilación. Pero una vez superado este problema, muchas posibilidades comenzarán a abrirse para ti, cosas que nunca habías imaginado que podrías hacer.

Los beneficios de conquistar la postergación son numerosos. Simplemente siéntese y trate de imaginar todo los propósitos que podría cumplir si decide dar un paso hoy y volverse productivo en cualquier campo en el que se encuentre.

No Más Procrastinación

Mis consejos de productividad han tocado vidas en varios lugares. Hago que la gente me llame y me diga algunas de las maneras en que mis enseñanzas han afectado sus vidas de manera muy positiva. A lo largo de los años, he trabajado sin descanso para producir algunas lo que compartiré con ustedes en este libro. Deberías considerarte afortunado porque recibirás la mayor parte del trabajo de mi vida en los siguientes capítulos. Estas son pepitas de oro que han cambiado vidas y han creado un nuevo camino para las personas que alguna vez se sintieron frustradas.

La productividad es una cosa maravillosa, pero tiene que ser entendida y respetada antes de que pueda ser aplicada. Por supuesto, nada bueno viene fácil, así que tendrá que seguir los procedimientos en este libro algún tiempo antes de comenzar a cosechar los beneficios. Puedo asegurarles que si se aplican estos principios, no hay nada que pueda impedir que su luz brille.

Usted podría estarse preguntando, ¿por qué este libro, de todos los otros libros que tratan el tema de la postergación cambiará mi vida? El objetivo principal de escribir este libro es verter todo mi ser en estas páginas. No sólo estarás leyendo un libro, sino que estarás exprimiendo mi cerebro y te irás con un conocimiento maravilloso.

Soy un maestro experimentado, y trato de ser lo más técnico posible con cualquiera de mis trabajos escritos. Esto es para asegurarme de que mi lector entienda fácilmente la información que estoy tratando de transmitir. Si la brecha de comunicación es defectuosa, entonces, toda la aventura de escribir no tiene sentido. Este es el vacío de comunicación que he intentado colmar de la mejor manera posible. El método listado aquí son procedimientos que cualquier persona puede utilizar con éxito sin ningún tipo de estrés.

Recuerda, el Cielo sólo ayuda a aquellos que se ayudan a sí mismos. Sentarse debajo de un manzano no significa que se irá a casa con una canasta llena. Usted necesita tomar medidas y conectar algunos para su satisfacción. El éxito está ahí, en la esquina, pero nunca entrará en tu casa hasta que la invites a entrar.

Finalmente, recuerde que nuestro mundo sólo pertenece a los que toman parte en la acción. Ningún cambio real puede ocurrir, excepto que usted decida tomar medidas. La acción es el ingrediente clave en cada historia de éxito. Tienes que empezar a vencer la dilación ahora antes de que te arrebate tu glorioso destino.

Un estilo de vida productivo debe ser su principal objetivo mientras se esfuerza por convertirse en una mejor versión de sí mismo. Comience a practicar todos los consejos y pautas que se ofrecen en este libro. Espero que pronto tengas una historia positiva que contar.

CAPÍTULO UNO: DEJAR LOS MALOS HÁBITOS AHORA

Los mayores errores de concepto sobre la pereza
Empecemos por señalar que la pereza no es una enfermedad o un trastorno de la personalidad; es algo que has aceptado para ti mismo. La pereza es algo que lentamente se arrastra hacia ti, te enreda, y gradualmente se apodera de tu personalidad. Es muy sigiloso, y trabaja mano a mano con la dilación.

Piense en la pereza como un deseo del laico. Es algo que quieres hacer, algo con lo que te sientes muy cómodo. Aunque mucha gente puede discutir y hablar de lo mucho que odia la pereza, en el fondo, hay una parte que se siente cómoda con sólo estar acostada y no hacer nada. Es casi como un conflicto interno contigo mismo. Una parte de ti te suplica que no consigas ni hagas nada, mientras que la otra parte conoce y entiende las repercusiones de esas acciones.

Tome nota de que la pereza y el descanso no son lo mismo. Usted descansa después de completar un gran proyecto, pero cuando este descanso continúa por un tiempo prolongado, entonces usted sabe que hay un problema. La pereza puede consumir tanto a una personalidad que se convierte en parte de su personalidad, un hábito sobre el que no pueden hacer nada. Y aquí es donde se pone raro y peligroso. En este punto, el individuo puede comenzar a ver la pereza como un desorden o una enfermedad, que en la mayoría de los casos, es errónea.

El hábito de la pereza se puede formar en una variedad de circunstancias. Es aún más activo en adultos que de alguna manera han perdido la motivación para ser aventureros y buscar nuevas cosas en el mundo. Estudie a los niños que le rodean. Apenas se ve a uno perezoso. Siempre están en pie y haciendo, buscando la siguiente gran aventura y descubrimiento. Y es por eso por lo que la vida se mantiene brillante y fiel a aquellos que entienden los rudimentos de las cosas nuevas.

Por el contrario, la pereza en un adulto puede resultar porque la persona mayor cree que ya ha visto suficiente de la vida y ahora está particularmente desmotivada. Esto es la pereza de la mente. Aquí, el individuo en cuestión está dotado de suficiente fuerza y energía para llevar a cabo la tarea, pero debido a que no hay motivación, la tarea permanece sin hacer. Y se culpa a la pereza.

Desde otra perspectiva, se puede decir que la pereza es una variedad de estados que pueden ser emocionales o físicos y que pueden afectar las ganas de una persona por hacer las cosas. Para diferentes personas, hay diferentes razones por las que son perezosas. A veces, la pereza puede surgir en un individuo que trabaja duro, todo por falta de interés. Imagínate un extremo introvertido y un extremo extrovertido, ambos planeando fiestas. Definitivamente, uno pondrá más esfuerzo en la preparación que el otro. Ahora bien, no es que el introvertido sea perezoso, sino que los introvertidos son generalmente personas a las que no les gusta invertir en actividades sociales.

Pero esto no debería ser una excusa para acomodar la pereza. Una persona nunca nace naturalmente perezosa, excepto si hay una enfermedad que debilita naturalmente al individuo. Aparte de eso, la pereza se aprende o se adentra y se convierte en un hábito. Lo curioso de la pereza como hábito es que continúa creciendo en ti hasta que destruye completamente todos tus planes. La pereza es un aspecto de su vida que puede afectar otra parte de su vida y arruinarla. Si usted se sale con la suya hoy en día, su mente tratará de engañarlo para que crea que se saldrá con la suya de nuevo hasta que lo devastador finalmente suceda.

5 razones por las que eres perezoso y cómo arreglarlos

Muchas veces, la gente tiene un sentido sombrío del hecho de que la pereza finalmente se ha colado en su vida. Ya no se trata de si soy perezoso, sino de por qué soy perezoso. Aunque esta es una pregunta muy importante, la respuesta a esa pregunta no está fácilmente disponible excepto a través de una búsqueda más profunda. Hay varias razones por las que las personas terminan siendo perezosas, y estas razones varían de un individuo a otro. La pereza puede ser causada por una amplia gama de factores externos, incluyendo los psicológicos.

Se han revelado formas de cómo superar la pereza. Como otros rasgos, la pereza puede transformarse en eficiencia. Aunque este método funciona, la mayoría de las veces los candidatos que lo aplican pueden volver a caer en la pereza. Pero hay algo más profundo en la situación. Usted tiene que sentarse y entender la verdadera causa de su pereza antes de que se pueda prescribir una solución.

Hay algunas causas generalmente identificables de pereza en diferentes individuos, sin importar sus diferencias de personalidad. Algunos de estos incluyen:

1. **Estar abrumado por la tarea en cuestión**.

Algunas personas se sienten abrumadas por el tamaño del trabajo requerido para completar un proyecto. Un método para deshacerse de esto es dividir las tareas principales en tareas más pequeñas, pero incluso esto mismo puede hacer que una persona ignore la tarea. La mayoría de las veces, la gente carece de los conocimientos necesarios para realizar una tarea. Así que se olvidan de la tarea y la dejan colgando. Esta forma de pereza tiene que ver principalmente con la capacidad mental. Es decir, la pereza se forma porque un individuo no puede hacer el ejercicio mental necesario para entender la tarea que se le presenta.

Esta tarea requerirá una cantidad insensata de investigación, recolección de materiales y todos los demás requisitos. Pero la solución aquí es aprender las habilidades necesarias para dividir una tarea en tareas más pequeñas. No es una habilidad con la que uno nace. Se desarrolla a lo largo del tiempo, con una práctica constante. Si usted ha identificado este tipo de pereza en su vida, es hora de que se esfuerce por aprender a tratar con grandes proyectos y manejarlos por partes, uno a la vez.

2. Propósito no identificado

A menos que usted haya establecido la razón por la cual la realización de una tarea en particular será importante para usted, su mente nunca pondrá no querrá completarlo. Cuando no hay un propósito claro, difícilmente habrá motivación para completar la tarea. La pereza parece ser fácilmente un refugio seguro para las personas que no tienen un propósito claro que perseguir.

Una vez que una persona llega a ser plagada con tal forma de pereza, no habrá manera de avanzar y hacer lo que debemos; todo lo que buscará es una forma de escape. Si descubres que caes en esta categoría de pereza, la solución será encontrar algo que te motive. Encuentra algo que te haga querer actuar. Antes de comenzar cualquier tarea, siéntese y haga una lista de todos los beneficios que puede obtener cuando la tarea esté finalmente terminada. Esto le dará algo de motivación para llevar el trabajo al siguiente nivel.

3. La necesidad de producir un trabajo perfecto

Para un perfeccionista, la regla es hacerlo al 100% de excelencia o dejarlo sin hacer. Mientras que esto puede ser a veces un rasgo muy admirable y necesario para producir los mejores resultados de una tarea, a veces puede quitar el deseo de trabajar. Un perfeccionista pasará horas y días recolectando y perfeccionando el material necesario antes de iniciar una tarea. El no perfeccionista, por otro lado, ya ha comenzado con lo que tiene y ha progresado. Con el tiempo, terminará el trabajo, dando los últimos retoques para perfeccionar el trabajo lo mejor que pueda.

Los perfeccionistas siempre se frustran más fácilmente mientras trabajan en una tarea porque alcanzar la perfección nunca es una tarea fácil. Siempre habrá factores sobre el terreno que aseguren que la obra nunca alcance la perfección. El miedo a cometer errores es otro factor que impide a los perfeccionistas iniciar una tarea. Esto ocurre sobre todo cuando hay una parte del trabajo que no son plenamente capaces de llevar a cabo. Así que, para prevenir errores, ni siquiera empiezan.

Usted puede frenar los efectos de este estilo de vida perfeccionista al entender que la perfección no se alcanza en una sola vez. Lleva tiempo conseguir que algo sea tan bueno como tú quieres que sea. Y esa es la belleza de trabajar en algo, de poner cada vez más de nuestra parte hasta que se cree algo de calidad. La calidad requiere tiempo y esfuerzo. La alegría está en el proceso de completar el trabajo, y usted será plenamente recompensado cuando se logra. Entienda que hay un tiempo para dejar a un lado su mentalidad perfeccionista y tratar de hacer las cosas, incluso si usted no está demasiado seguro de su capacidad para completar la tarea dada. No tengas miedo de que la gente te mire de manera diferente cuando fracases. Ellos también han fallado antes, así que no deberías preocuparte por sus miradas. Haz lo que sea necesario.

4. Aceptar la pereza

Hay una especie de pereza que es habitada, pereza en la que puedes hablarte a ti mismo. Algunas personas nunca han puesto sus mentes en lograr algo tangible, de tal manera que ni siquiera tienen una idea de lo que es ser productivo. Es más bien un estado de complacencia e inactividad. Ellos tienen una mentalidad que antes de que se pueda llevar a cabo una tarea, tiene que ser divertida y agradable, por lo que cuando se enfrentan a una tarea tediosa, se olvidan de ella y buscan formas de escapar. Las cosas que no entran en la categoría de lo agradable se dejan para más tarde, y después, y finalmente más tarde, hasta que nunca se hacen.

Tener estos pensamientos de vez en cuando es completamente normal. Así es como funciona tu cuerpo. Pero si se repite una y otra vez, entonces usted sabe que son un problema de ética de trabajo. Tu cuerpo sólo quiere disfrutar, lo cual está mal. Debe haber ocasiones en las que seas disciplinado y trabajes. Estos pensamientos pueden, de alguna manera, bloquear su capacidad de producir algo que valga la pena, algo que puede ser apreciado.

Despoja tu mente de este tipo de pensamientos y ponte a trabajar. Véase a sí mismo como alguien que tiene que lograr lo que se propone. La acción tomada ahora es siempre la mejor, y conducirá a recompensas satisfactorias.

5. Condiciones de salud

Como se ha señalado anteriormente, hay una especie de pereza que es causada por dolencias físicas o enfermedades. Si descubre que se siente cansado fácilmente y que nunca hay ninguna motivación para que trabaje, entonces debe considerar hacerse una prueba médica. Estas enfermedades casi nunca se revelan hasta que es bastante tarde, pero tu cuerpo responde a ellas lo suficientemente temprano, y te toca a ti detectarlas. Una de las maneras en que el cuerpo responde es sintiéndose cansado para ayudarle a conservar energía. Sin embargo, ese no debería ser el caso. Todo esto podría ser el resultado de un trastorno de la tiroides. Estos problemas de la tiroides podrían llevar a diabetes, enfermedades cardíacas y otras enfermedades que podrían debilitar el cuerpo.

6 maneras de superar el cerebro perezoso

Cuando la pereza se apega a una persona, también puede afectar su cerebro y hacerlo perezoso. Tu cerebro y tu mente, la mayoría de las veces, trabajan mano a mano. Y una vez que uno de ellos comienza a acomodar las nociones de pereza, el otro se ve afectado instantáneamente. Esto se conoce como pereza mental.

La pereza mental puede presentarse de varias maneras. Por un lado, la pereza mental puede aparecer en forma de una mentalidad desorganizada y dispersa. Su facultad mental siempre estará desorganizada, produciendo una gran variedad de pensamientos que en su mayoría no tienen sentido. La mayoría de estos pensamientos que ocurren como resultado del desorden mental lo son:

- Pensamientos negativos.
  La mente está mayormente condicionada a pensar y recordar cosas negativas de la vida, siempre tiende a reflexionar y considerar las cosas que han salido mal. ¿Cómo esperas producir resultados cuando tu mente está atascada en tales pensamientos? Será muy difícil conseguirlo. Estos pensamientos negativos pueden acumularse y afectarte mental, psicológica y físicamente. Una vez que su cerebro perezoso le dice a su cuerpo que está

enfermo y que no puede desempeñarse, su cuerpo obedece y cae en la pereza.

- Faltan las cosas más importantes de la imagen
  Una mente inundada de pensamientos es una mente que siempre estará en pánico. Nada se mantiene estable. Este tipo de pensamiento siempre te ensimismes, haciendo que te pierdas las cosas que tienes justo enfrente.

Algunas de las maneras en que usted puede controlar este cerebro perezoso y llevarlo al libro incluyen:

1. **Protege tu mente**

Sea un guardián de todos los pensamientos que pasan por su mente. Observe los pensamientos a medida que van y vienen y trate de entender el patrón en el que ocurren. Podrás identificar los pensamientos negativos y los positivos. Examínese a sí mismo y descubra por qué los pensamientos negativos se han vuelto incesantes. Es posible que haya pequeñas razones a su alrededor, las cuales puede que tenga que arreglar. Puede ser ansiedad, miedo al fracaso o estrés mental.

2. **Presta atención a cada pensamiento.**

A medida que los pensamientos vienen a tu mente y tratan de producir pereza, presta atención a todos y cada uno de ellos y encuentra su raíz. Si usted está ansioso por algo, entonces averigüe por qué ocurre la ansiedad en primer lugar. Si usted está estresado y no puede desempeñarse de manera óptima, entonces trate de averiguar cómo combatir este estrés y restaurar el cuerpo a su estado normal de funcionamiento. Elimina estos pensamientos uno por uno y reduce el poder de los pereza.

3. No busques un escape.

La mayoría de la gente siempre está en busca de cosas que les ayuden a escapar del presente y vivir en un universo paralelo de entretenimiento. Aunque está bien buscar alguna forma de escape del ajetreo de la vida, se debe revisar si se vuelve demasiado. Si descubres que eres ese tipo de persona que depende en gran medida del entretenimiento para escapar y evitar las "perturbaciones" en tu vida, notarás que tu mente pronto comenzará a experimentar deterioro.

Hay otras formas de escapismo que la gente emplea para liberarse de las garras de sus vidas. Las drogas recreativas sólo le ofrecen placer a corto plazo. Una vez que desaparece, te encuentras con el mismo problema del que habías estado tratando de escapar. Tu mejor opción es enfrentarte a lo que sea y conquistarlo de una vez por todas.

4. Manténgase atento

Estar atento implica prestar plena atención a las cosas que te rodean, tanto las que tienen que ver con tu estado mental como las que tienen que ver con el mundo físico que te rodea. No dejes que nada, por pequeño e infinitesimal que sea, pase de largo. Disfrute de la vida y al mismo tiempo sondee usted mismo e identifique las razones por las que disfruta de ciertas cosas. Mientras hace esto, asegúrese de permitirle a su mente un poco de espacio para la exploración. Deja que tu mente se desvíe un poco, pero no permitas que viaje demasiado lejos para que no lo pierdas.

5. Organícese

La desorganización resulta fácilmente en desorden, y el desorden en cualquier forma no es sólo una distracción, sino una enorme manta húmeda. Tener su espacio personal atascado en el desorden puede resultar en la pérdida de motivación. Un espacio limpio siempre te invita a trabajar, a hacer algo. Un espacio desorganizado, por otro lado, te aleja y te dice que no se puede hacer nada.

Trata de observarlo por ti mismo. ¿Cómo te sientes al entrar a la cocina y encontrarte con un montón de platos esperándote en el fregadero? Es natural que quieras ocuparte de eso antes de seguir cocinando La mente es siempre más cómoda y capaz de organizarse para producir siempre que se le presenta un espacio limpio.

6. Busque ayuda cuando sea necesario

Siempre hay ayuda para ti cuando intentas curar tu mente de pereza. Todo lo que tienes que hacer es buscarla. A veces, puede que no sea capaz de superar una distracción o tentación de por sí solo, pero con la ayuda de otros, lo encontrará fácil de hacer. Naturalmente, habrá este temor de encontrar gente para pedir ayuda. Esto puede deberse a una experiencia desagradable en el pasado, pero es una habilidad necesaria que hay que aprender, especialmente cuando se lucha con algo tan adictivo como la pereza. Es posible que se necesite un poco de práctica para aclimatarlo con lo básico para encontrar ayuda.

7 hábitos terribles que le impiden tener éxito

Vivir una vida de productividad es tener éxito en cualquier cosa que se encuentre haciendo. Y los hábitos mismos son algunos de los factores que se acumulan para producir éxito. Son nuestros hábitos los que nos definen y los que nos hacen quienes somos, ya sea como historias de éxito o como un fracaso. Es por eso por lo que es necesario que uno construya los hábitos perfectos para permitir el éxito. Lamentablemente, la mayoría de las personas han pasado su vida construyendo hábitos que fomentan el fracaso y los alejan aún más del éxito. Aquí, voy a destacar algunos de esos hábitos que podrían obstaculizar su éxito.

1. **Incapacidad para decir "no".**

A veces deberías ser el malo y hacer algunos rechazos. No se debe participar en todo lo que se le invita a participar. Si te resulta difícil decir que no y no sentirte culpable por ello después, te darás cuenta de que has estresado tanto tu cuerpo como tu alma. Además, si sigues diciendo que sí a todo, tendrás un horario abrumador, que también puede resultar desastroso.

Las investigaciones han relacionado la depresión con la incapacidad de decir que no porque pronto descubrirá que ya no puede controlarse a sí mismo. No decir que no puede desviarte de tu objetivo principal y hacer que persigas otra cosa simplemente porque alguien más te ha persuadido para que lo hagas.

2. **Miedo a los riesgos**

Sé inteligente, pero no lo hagas con precaución. Eso es algo que me encanta decirles a mis estudiantes. Es natural tener un poco de miedo de su futuro, pero nunca debe permitir que afecte su trabajo y las decisiones que toma. Temer a los riesgos es asegurarse de que nunca obtendrá nada tangible. Las mejores cosas siempre se te escaparán. Y no importa cuánto temas los riesgos, esa cosa que temes todavía te ocurrirá algún día, así que es mejor tomar el riesgo de todos modos. Tomar riesgos y fracasar y saber que al menos aprendiste algo nuevo. Esa es la belleza de la vida, explorar y descubrir cosas nuevas.

3. **Retenido por tu pasado**

Dicen, "lo pasado, pasado está", y yo no podría estar más de acuerdo. Olvida las cosas de tu pasado, las cosas del fracaso y las cosas del éxito. El éxito también tiene una forma de impedir que usted logre más. Si lo has logrado antes, entonces, deberías avanzar y tratar de conquistar más. No permita que el éxito de ayer le impida duplicar sus esfuerzos y hacer más. Lo mismo ocurre con el fracaso. Lo mejor que puedes hacer por ti mismo es enterrar las cosas del pasado y mirar hacia el futuro.

4. **Construyendo tu vida con sólo hablar**

Este hábito es mortal. Es para personas que pasarán la mayor parte de su tiempo hablando de una visión en lugar de ponerse a trabajar para hacerla realidad. Hablar es bueno, pero la acción es mejor. ¿Sabes qué es lo mejor? Tomar acción inmediatamente. No permita que las historias le obstruyan la mente hasta que empiece a ignorar el trabajo principal que tiene que hacer. Hablar es barato, y la acción es cara. No vivas una vida barata. Es peligroso.

5. **Jugar a los juegos de la culpa**

La culpa es una carga pesada, y es algo hermoso quitársela de los hombros. Usted experimenta instantáneamente la libertad, y puede volver a relajarse. Se mantiene dulce hasta que se vuelve demasiado tarde, cuando finalmente descubres lo que te ha costado el daño de echar la culpa a alguien más. Si se le debe culpar, no hay necesidad de rechazar la culpa por el bien de la libertad temporal. Acepta tu culpa y sigue adelante con ella. En lugar de poner excusas y tratar de liberarse, trate de averiguar por qué esa empresa fracasó en primer lugar. Echarle la culpa a todo el mundo es una receta para más fracasos.

6. **Falta de autodisciplina**

La autodisciplina es simplemente obedecerte a ti mismo como tu propio jefe. La autodisciplina es agacharse para que usted sea lo suficientemente humilde como para escuchar a su propio yo. Usted debe ser capaz de hablar de sí mismo hacia el éxito y fuera del fracaso. De hecho, nunca podrás tener éxito si no has aprendido a regañarte a ti mismo cuando sea necesario. Aparte de eso, usted debe temer las fechas límite que usted pone. Debe haber castigos por no completar una tarea en el momento adecuado. Estas son algunas de las cosas que la autodisciplina implica. Al final, se trata de ser tu propio maestro y maestro más duro.

7. **Una mentalidad competitiva**

Suscribirse a una competencia sana es adecuado para su desarrollo, pero cuando la competencia comienza a generar envidia y baja autoestima, se convierte en algo peligroso. Su mayor logro debe ser usted mismo. Mejórate a ti mismo independientemente del éxito de los demás o de lo que se esté embarcando en este momento. Permita que el éxito de otras personas se convierta en una motivación para mejorar su trabajo, no para volverlo loco. Permanezca en su carril, pero asegúrese de hacerlo lo mejor que pueda.

CAPÍTULO DOS: DESPERTANDO UNA MENTE MOTIVADA

Puede que te sorprenda que, aunque las cosas se pongan difíciles, pierdas el impulso de continuar porque se trata sólo de ti. Por supuesto, el único "ser" que ves a tu alrededor es tu ser interior. E incluso su voluntad interna de seguir adelante ha sido golpeada por una enfermedad mortal que yo llamo frustración.

¡No te preocupes! Al final llegas a esa etapa. De hecho, es una gran señal de que estás progresando. Muestra que se ha escalado a través del nivel inicial. Aunque el progreso puede parecer lento y puede no significar mucho en comparación con la meta que te has propuesto, ahora estás en una posición en la que necesitas estar motivado.

Tenga cuidado de no expresar este sentimiento de frustración en su vida diaria. El efecto consecuente es que nada parecerá funcionar para usted. ¿Por qué? Porque lo has pre condicionado como una realidad con la que vivir.

Dos cosas podrían entrar en juego: el desánimo y la dilación. Desánimo porque no está seguro de si va a funcionar. Y la dilación porque tu progreso es lento. Ninguno de los dos es un trato con el que hay que conformarse, y otras cosas dañinas podrían suceder.

Este capítulo explorará todo lo que necesita saber sobre cómo seguir adelante.

¿Qué tipo de aplazamiento es usted?
Será interesante observar la importancia de la productividad en nuestro lugar de trabajo y en nuestra vida diaria. Pero una cosa que destruye nuestra capacidad creativa para hacer más es la dilación. La

dilación es simplemente el acto de empujar la realización de las cosas hacia el futuro; cosas que usted considera de menos valor en su momento presente.

Todos hemos estado en esta piscina antes. Admitir este hecho no lo presenta como un buen hábito. Aunque la priorización puede redefinir el contenido de las tareas que se llevarán a cabo en el futuro, sólo muestra que hemos sido capaces de identificar la raíz de las antiguas dificultades. Algunos podrían no aceptar la responsabilidad y pasarla para otro momento porque sienten que son incapaces de hacer tal tarea. Otros podrían hacerla sólo por cumplir, otro acto de pereza.

1. El Evader

Hay momentos en que estamos en nuestro mejor momento para cumplir una tarea. Pero a veces, decidimos no continuar porque nos preocupa no poder hacerlo. La auto duda entonces mata la creatividad en nosotros. Tienes miedo de caer, y lo único que te viene a la mente es dejar de realizar esa tarea. Nadie discutirá el hecho de que es bueno reconocer nuestras limitaciones y debilidades. También es necesario que no permitas que eso te detenga.

Construir un sentido de importancia

Entienda el valor que se le asigna a la tarea que evita. Vea esos valores como compromisos que necesitan apoyo vital. Por supuesto, tú eres el que asegura su existencia cumpliéndola. Y puesto que el soporte vital no es una decisión que hay que evitar, sus tareas no deberían serlo también. Usted puede tender a comparar cada uno de esos trabajos que impulsa más a medida que su corazón late. Por mucho que el latido de nuestro corazón sea esencial en el futuro, también se considera de mayor importancia para el presente.

Escapando del evasor

- Describa un resultado positivo
Crear suficientes razones para no evitar la tarea. La alegría de los logros por sí sola debe ser una motivación constante para animarte. Mientras que usted ha sido un benefactor continuo de la satisfacción y el placer derivado de no hacerlo inmediatamente, también puede obtener ese cumplimiento cuando lo piensa positivamente.

- Prepara tu testamento
Todo lo que hay dentro de ti debe recibir el conocimiento correcto para hacer las cosas rápidamente. Y lo bueno de la fuerza de voluntad es que usted es el mejor influenciador.

- Empieza en pedazos
El trabajo puede ser abrumador a veces; pero con diferentes estrategias, se volverá interesante. Divida el proceso de completar la tarea en partes. No pienses en lograrlo en un abrir y cerrar de ojos. Asigne cada pieza con un límite de tiempo, digamos de 5 minutos (usted tiene el control aquí). Puede que necesites despejar tu dormitorio. Dale tres minutos para arreglar tus zapatillas y dos minutos para arreglar una corbata. Ir con este flujo hace que el trabajo sea más manejable y emocionante.

2. El Stickler

La excelencia es una virtud que debe ser vista en todos; pero no debe afectar la integridad de un trabajo. Algunas personas están atrapadas en el círculo de sacar lo mejor de todo lo que hacen. No pueden hacer menos hasta que estén satisfechos de que el trabajo es de clase mundial.

Nadie está negando lo esencial de hacer las cosas de la mejor manera; esto demuestra la importancia de la productividad. Pero comprenda que en muchos casos, la atención requerida para tales tareas debe ser bien monitoreada; y por lo tanto, tendemos a dejar de hacerla porque estamos abrumados. Existe ese temor a la baja calidad que les impide comenzar de inmediato.

Salir de lo más riguroso
- Haga el análisis

Las matemáticas no serían necesarias aquí, pero puedes pensar en hacer la aritmética del último trabajo que hiciste. Hágase diferentes preguntas, desde cuándo comenzó hasta cómo lo completó. ¿Tenía algún efecto consecuente? ¿Pudieron alcanzar una tasa de éxito del 100%? ¿Hubo alguna recompensa de satisfacción interna por esto? ¿Qué perspectiva le dio a su trabajo? Es más probable que hayas sido demasiado duro contigo mismo para perfeccionar tu próxima tarea, y es por eso por lo que quieres arreglar los detalles más pequeños.

- Tener una intención clara

Comprender la naturaleza del trabajo a realizar. Los tecnicismos, módulos de operación, gastos de diseño y presentación. Asegúrese de tener una definición clara de lo que necesita lograr. Cuando su propósito esté claro, no se distraerá.

- Defina su satisfacción

Un análisis funcional le facilitará este paso. Una vez que hayas podido detallar cuál es tu felicidad, buscarla en cada trabajo que hagas no será un problema de nuevo. Su satisfacción puede llegar cuando logre, digamos, la mezcla correcta de color en sus diseños de interiores.

3. El cerebro desordenado

¡Sí, desorden! Puede ser cierto que estamos muy ocupados con muchas cosas que hacer. Desde el trabajo hasta las actividades de grupos sociales, el compromiso religioso, los controles de salud y seguridad, el mantenimiento de la familia y muchas otras rutinas interesantes. Las tareas de oficina múltiples solas en su lugar de trabajo pueden ser una amenaza para priorizar su trabajo diario. Entonces se convierte en un problema elegir la tarea correcta a realizar en este momento. Y cuando esto es demasiado para nosotros, tendemos a hacer algunas tareas y empujar otras hacia el futuro. A veces, nuestro estado mental es tan ocupado como nuestra carga de trabajo que nos confundimos desde adentro primero, luego la realidad de lo físico añade insulto a la lesión. Es evidente que estás ocupado con muchas cosas que hacer, y el más mínimo tiempo para descansar también se utiliza para pensar. Estarías de acuerdo conmigo en que esos pensamientos no son tan productivos como deberían serlo.

Salir del cerebro desordenado
- Establecer prioridades

Identifique el trabajo más relevante y hágalo inmediatamente. Nunca se sienta abrumado cuando las tareas menores parecen ser la mayor parte de la situación. Cree una lista expresa de sus tareas rutinarias. Haga las que usted siente que son necesarias y urgentes de inmediato, y complete otras de manera constante.

- Determinar una fecha tope

Por mucho que el trabajo sea esencial, es vital establecer un límite de tiempo para cada una de sus tareas. Tomarse demasiado tiempo en un problema en particular deja a otros apilándose. Tenga en cuenta que su límite de tiempo debe ser alcanzable. Dado que la mayoría de sus trabajos se realizan de forma rutinaria, elabore una estrategia para simplificar el proceso.

- Trabajar con hechos

Busque el consejo de los expertos para tareas específicas. Dar un paso como este le da una ventaja para tener éxito a un ritmo más rápido. Trabaje con datos y cifras probadas de profesionales y alivie su carga de trabajo.

- Responsabilidades de los delegados

Usted no tiene que hacer necesariamente todo el trabajo. Busque la ayuda de un colega o, mejor aún, permita que el asistente de su oficina haga una parte del trabajo. Tenga cuidado, sin embargo, al delegar poder. Asegúrese de tomar las decisiones críticas y de supervisar el progreso de cualquier tarea delegada.

4. Sin preocupaciones

Estas personas no ven ninguna razón para hacer una tarea en particular en el momento propuesto. Sienten que hay tiempo suficiente para hacer el trabajo.

¿Recuerdas cuando necesitabas escribir un informe de la universidad para una excursión, y la experiencia de este ejercicio te animó a planear el siguiente? Lo que pasó es que pasaste mucho tiempo fantaseando sobre el próximo viaje, pero no para escribir el informe. Por lo tanto, el tiempo destinado a la tarea crítica de preparar la descripción se utilizó para otra cosa que podría no ser tan importante en la actualidad.

Una fracción de este grupo cree que son más eficaces cuando la fecha límite está cerca. Por lo tanto, se sienten presionados para dar lo mejor de sí mismos en la última hora.

Escapando de la despreocupación
- Hacer estadísticas para aritmética

Puede que no estés familiarizado con este principio. Es muy sencillo. Ya que realmente no ves una razón para hacer la tarea más crucial en este momento, trata de aplicar el mismo principio a lo que hubieras hecho en ese momento. Trate de posponer sus actividades llenas de diversión. Experimentar con esto le dará otra sensación de urgencia para emprender tareas.

- Contar los efectos

Puede que tengas que ser sincero contigo mismo: Lo que realmente quieres es diversión. ¿Pero cuánto te ha costado esta diversión? Piensa en un mayor sentido de logro que habrías tenido si no hubieras empujado la tarea hacia el futuro. No hay nada malo en intentar algo bueno, así que inténtalo.

- Examine sus desencadenantes

Puede que no seas consciente de que la fuente de tu dilación no eres tú, sino lo que haces en algún momento. Su entorno puede ser un desencadenante. Haga un breve examen de las cosas que hace y vea si puede hacerlas de otra manera. Aplique el mismo principio también para sus tareas. Puede que le interese descubrir qué es lo que le empuja a postergarlo.

5. **El fantaseador**

Si usted pertenece a este grupo, significa que ha pasado mucho tiempo teniendo planes pero no ha dado ningún paso constructivo para lograrlo. Parece bastante fácil hablar de leer cinco capítulos de un libro al día. De hecho, usted podría haber iniciado toda esta idea y haberla comentado a sus colegas, pero la etapa de presentación fue el último esfuerzo realizado para lograrlo. Comprender que una acción propuesta sin una estrategia constructiva sigue siendo una fantasía.

Salir del fantaseador
- Entender el establecimiento de metas

Empezar con un plan no es un movimiento equivocado, sólo que el enfoque para lograrlo debe ser explicado con precisión. El establecimiento de metas requiere el compromiso de no rendirse ni siquiera ante las distracciones. Tendrá que tomar en serio todas las sugerencias que se dan en el Capítulo Cinco de este libro.

- Empieza de a poco

No hay necesidad de apresurarse para llegar a la altura que siempre ha imaginado. Tómese su tiempo para hacer su tarea. Recuerde que lo que usted quiere lograr no vendrá automáticamente.

- Seamos realistas

Deje de perder el tiempo en lo que no se puede lograr. Si lo que siempre has planeado hacer es poco realista, es hora de acortarlo y volverlo real.

10 must know hacks para la motivación de soplar la mente

La excelencia es algo en lo que hay que pensar cuando se trata de alcanzar objetivos. Muchos factores necesitarían atención para actualizar esto, y uno de ellos es la motivación. La motivación es la fuerza que te hace seguir adelante ante los desafíos y las distracciones. Para alcanzar sus objetivos, tendría que seguir moviéndose para mejorar su nivel de productividad y aumentar su rendimiento.

1. **Comenzar poco**

    Un gran asesino de los logros es cuando no te ves haciendo más, especialmente de la manera en que lo has fantaseado. No sería lo que pensabas. Entienda que lo que más debe importarle cuando está comenzando algo nuevo es el progreso.

    Puede parecer agotador porque usted siente que no se está moviendo al mismo ritmo que los demás. Eso también podría ser otro error. Este eres tú haciendo lo tuyo, así que no tienes ninguna obligación de trabajar a la velocidad de nadie.

Comprobar el progreso de otras personas debería inspirarte a hacer más, no a esclavizarte al arrepentimiento.

La realidad de un objetivo a largo plazo es que requiere un largo período de tiempo para ser alcanzado. Así que tómalo con calma y firmeza hasta que finalmente cumplas tus objetivos. No necesitas preocuparte.

2. Identificar un propósito fuerte

No se debe emprender nada si no se ha delineado la intención. Es necesario porque esto le servirá de recordatorio en cualquier momento en que quiera rendirse. Su propósito debe ser firme y esencial para usted. Esta seguridad es lo que sostiene tu fuerza de voluntad.

Su intención podría provenir de sus experiencias durante su infancia, el establecimiento de metas, la elección de carrera, los antecedentes familiares, y así sucesivamente. Sea lo que sea, debe ser convincente para ti. Tenga cuidado de no dejarse seducir por los factores ambientales. No tome medidas porque esa es la tendencia en su entorno inmediato. Asegúrese de que lo ha pensado muy bien y que está listo para pasar por ello.

3. Diseñe una estructura para sus metas

Necesitas diferenciarte de los demás. Recuerda que tus intenciones tienen una fecha límite, así que nada debería distraerte de cumplirlas. Cree una guía que le ayudará a concentrarse. Puede ser un esquema expreso de sus objetivos o una imagen que contenga lo que desea lograr. Hacer esto trae claridad de propósito. Entonces, usted sabe todos los insumos/recursos necesarios para lograr el éxito.

Con una estructura, usted podrá seguir su progreso en todo momento. No te cansarías de lograr un resultado sobresaliente porque tu progreso es evidente. Tener una estructura bien definida te hace avanzar en los detalles esenciales. Es un modelo seguro de motivación.

4. Añada diversión a su tarea

A nadie se le anima a hacer más cuando todo parece tedioso, especialmente cuando se trata de una tarea rutinaria. Posicione su trabajo como parte de su vida que merece felicidad. Y una excelente manera de mantenerse feliz mientras hace su trabajo es cuando le agrega diversión. Usted no tiene que ser rígido aquí, y su trabajo puede no ser necesariamente un placer.
Además, no olvide que la disciplina no debe ser un cordero para sacrificar por placer. Reproduzca su lista de reproducción favorita mientras escribe y disfrute del ritmo. También puede decidir charlar con su colega durante su descanso. Hable abundantemente sobre lo que hace que el trabajo sea interesante.

5. Cuida de tu tribu

La tribu aquí significa gente de la misma clase. Podría ser un colega que ha decidido seguir el mismo camino que usted. Es posible que haya decidido escribir una reseña para cinco revistas internacionales sobre un tema en particular. Revise a alguien a su alrededor que haya tomado la misma decisión que tú.

Te sentirás más inspirado porque estás seguro de que no estás solo en este viaje de éxito. Ver a la(s) otra(s) persona(s) crea una mentalidad de competencia. Diviértete más cuando te reúnas con ellos desafiando tus habilidades. Su objetivo aquí no es sentirse incómodo aunque no cumpla con el objetivo que se le ha asignado. El espíritu de trabajo en equipo debe hacer que te pongas en marcha.

6. **Evite los pensamientos negativos**

   Naturalmente, diversas ideas fluirán a través de su mente, ya sea que lo esté haciendo bien o no. Pero puedes tamizar lo que se te ocurra. Controla lo que domina tus pensamientos, especialmente los negativos. Una mejor manera de mantener buenas ideas es tener afirmaciones positivas cada vez que una mala destella en tu mente. Usted podría estar pensando en no lograr la tarea porque se siente incapaz. Dígase a sí mismo que "No soy deficiente en habilidades, tendré resultados productivos y sobresalientes".

7. **Conozca más**

   Haga la tarea usted mismo para aprender sobre una tarea en particular. Lo bueno del conocimiento es que te hace ir más allá de las expectativas. Mucha gente ha pasado por lo que estás pensando hacer. Lea sobre ellos. Aprenda los diferentes desafíos que enfrentaron y cómo los superaron. La lectura de sus historias le permitirá tener una amplia experiencia, ya que no lo dejarán ser víctima de las circunstancias. Lea periódicos, revistas y blogs; vea videos y déjese inspirar por sus descubrimientos.

8. **Ver a un profesional**

   Su trabajo es guiarlo a través de las sesiones extraordinarias. Su objetivo aquí no es limitarse a lo que escucha. Un encuentro con los expertos hace que el trabajo sea más personal. Podrás relacionar tus miedos, frustraciones y desafíos con una mente abierta. Al final del día, usted debe haber sido responsabilizado por el abogado de procedimiento. También puede mejorar sus habilidades de liderazgo con un profesional. Y si el éxito de lo que usted quiere es una prioridad, no piense en el costo que implica buscar la ayuda de un profesional.

9. Retroceda con frecuencia

Trabajar de forma inteligente es la clave para un resultado de trabajo exitoso. Usted no tiene que quedarse atascado en una tarea por mucho tiempo sólo porque quiere encontrar una solución. Restaure sus capacidades mentales tomando descansos. Su salud es más valiosa cuando necesita ponerse en marcha. Usted estará de acuerdo en que es menos productivo siempre que pase más tiempo del necesario. Puede que estés intentando diseñar la portada de un libro, pero parece que los puntos no están conectados. Deja el trabajo por un tiempo. Dé un paseo por la calle o navegue por Internet. Durante ese período de descanso, su cerebro y otras partes de su cuerpo se refrescarán, dejándolo mejor que antes.

10. Vivir saludablemente

Nadie puede cuidarte mejor que tú. Esté atento a los alimentos que aportan nutrientes. Usted podría considerar comer vegetales y frutas, dependiendo de su dieta. Tomar agua con frecuencia es bastante saludable. El enfoque aquí es que tu cuerpo físico debe ser capaz de sostener cada actividad que intentes hacer. Vivir en la enfermedad es suficiente desánimo para realizar cualquier tarea.

La mentalidad fija frente a la mentalidad de crecimiento

El tema de la mentalidad es importante porque lo que hacemos y pensamos determina nuestro nivel de productividad y nuestra tasa de éxito. La mentalidad es la colección de ideas (que provienen de la experiencia personal, ambiental, cultural y espiritual), suposiciones, creencias y pensamientos que se sostienen para convertirse en una parte constituyente de la inclinación, las interpretaciones, la disposición y el hábito mental. Por lo tanto, es crucial dominar el arte de la mentalidad, tanto para uso personal como profesional. El efecto de la mentalidad se muestra a nivel de comportamiento y crea una perspectiva rígida sobre la vida en general.

La mentalidad fija

Como su nombre lo indica, una mentalidad fija sostiene que los atributos de la vida diaria son rasgos estáticos, y por lo tanto no pueden ser modificados. Las personas con esta mentalidad se centran más en lo que pueden hacer impulsados por su inteligencia, habilidad y talento. Cualquier esfuerzo que lleve al éxito no es una opción para ellos. De alguna manera, sólo avalan su talento en lugar de adoptar estrategias para mejorarlo y construirlo. Puede que hayas visto a gente que se ha limitado en el alcance del rendimiento; los que ya tienen una perspectiva de "No puedo cambiar".

Un ejemplo de alguien con una mentalidad fija es aquel que cree que es un atleta porque puede correr hasta cierto punto. La mentalidad se conocerá durante las sesiones de entrenamiento. Si insiste en que no puede batir el récord de la pista, sino que sólo puede mantener su actual racha de rendimiento, probablemente sea susceptible a tener una mentalidad fija.

La mentalidad fija no ve oportunidades para mejorar en lo que hacen, y no se esfuerzan por mejorar. Es posible que se haya encontrado con personas que son dogmáticas sobre el uso de algunas instalaciones modernas sólo porque fueron criadas por sus abuelos, y deben haber sido mal informadas. Siempre que hay algún cambio, entonces no es para ellos.

También, considere cuando se le enseña a un estudiante cómo resolver un problema particular en Matemáticas. Si el facilitador agrega variables a la pregunta, entonces explicarla convencionalmente se convierte en un problema (algo en lo que una mentalidad fija se dará por vencida porque pensó que al revés era la mejor manera de resolverlo), entonces, se da por vencido.

Podría haber aceptado su debilidad al no conocer el problema y luego buscar una manera de evitarlo. El cambio en la pregunta ya suponía una amenaza para él, y se sentía impotente, y esa era razón suficiente para darse por vencido. Si se le preguntara por qué se rindió, será fácil señalar a alguien más, ponerse a la defensiva y tomar represalias.

La mentalidad de crecimiento

Una mentalidad de crecimiento acomoda los cambios para mejorar las habilidades y cualidades a través de la perseverancia, la dedicación y el esfuerzo. Las personas con esta mentalidad creen en el desarrollo integral mediante la construcción de fortalezas y habilidades, no sólo donde sienten que tienen la capacidad.

Estas personas entienden que el aprendizaje puede desarrollarse con persistencia. Aunque cuando llega el fracaso, es con el entendimiento de que puede mejorar. Tienen una visión de diferentes posibilidades.

Las personas con una mentalidad de crecimiento son más propensas a trabajar con todo su potencial porque los retos no les hacen parar, sino que ponen más esfuerzo. Por ejemplo, uno de cada cinco estudiantes extranjeros en una clase de alemán tiene dificultades en el idioma. Una mentalidad de crecimiento no se desanimará porque no cumplió con los estándares de los demás, sino que entenderá que sólo necesita dar más esfuerzo. La paciencia será otra cosa para tener en cuenta aquí.

5 consejos para desarrollar una mentalidad que le traiga éxito

1. Cree una plataforma para aprender algo diferente todos los días

La dependencia de los rasgos fijos no producirá un resultado de clase mundial. Tómese el tiempo para hablar con un profesional en la línea de su fuerza y habilidad. Siempre hay una mejor versión de tu poder. El experto debe ser capaz de guiarlo eficazmente y de empujarlo a hacer lo correcto en cada momento necesario. Tome el dolor de aprender y hacer algo diferente de su talento todos los días. También puedes considerar leer sobre lo que aprendes en línea o unirte a un amigo que quiera aprender lo mismo contigo.

2. Amplíe su experiencia de aprendizaje

Es súper guay escuchar la evaluación de uno mismo de la gente. Pero cuando se convierte en un hábito, hay que tener cuidado. No tienes que concentrarte en conseguir la aprobación de la gente que te rodea. No importa lo que piensen o digan sobre lo que usted hace. Canaliza esa energía hacia el aprendizaje. El aprendizaje debe ser su prioridad y seguir los procedimientos pacientemente. Tenga en cuenta también que la educación es un proceso, y puede que no sea tan fácil como cabría esperar. La experiencia de aprendizaje te mantendrá en marcha para lograr grandes resultados.

3. Referencia Debilidad

Debes saber de dónde viene el problema. Puede que sean desencadenantes o sólo tu comunidad de amigos. ¡Basta de excusas para el fracaso y el abatimiento! Acepta tu debilidad reconociéndola. Este será el primer paso para liberarse al mundo del crecimiento.

4. Estar abierto a diferentes eventualidades

Definitivamente vendrán desafíos, pero hay que estar preparado para ellos. Prepara tu mente para ver la bondad en cada dificultad. Aprenda a sopesar sus opciones. Considere siempre la posibilidad de utilizar el término "qué pasaría si". Usted podría haber decidido leer durante tres horas al día, pero parece inalcanzable. Haga preguntas y cuestione su rutina. ¿Qué pasa si no he estado siguiendo a mi guía? ¿Qué pasa si necesito ser más específico? ¿Qué pasa si necesito descansar? ¿Qué pasa si reviso mi dieta? ¿Qué pasa si leo sobre personas que han hecho lo mismo?

5. Reflexione diariamente

Usted debería estar a cargo de decirse la verdad. Tenga tiempo para meditar acerca de su curso de acción. Puede que le resulte interesante hacer esto por la noche cuando haya terminado con el trabajo del día. Analice los pensamientos que le han limitado a tener un desempeño inferior y cómo puede superarlos.

CAPÍTULO TRES: CÓMO HACER EL TRABAJO

La productividad implica muchas cosas, y una de las más importantes es conseguir que las cosas se hagan. Por muy fácil que parezca, muchas personas todavía tienen problemas para hacer las cosas en el momento adecuado y de una manera completa.

Aquí es donde entra en juego la comprensión de la productividad. Ser productivo es entender consejos y técnicas y saber cómo aplicarlos en consecuencia. La productividad funciona como un sistema, pero no entra en acción.

En este capítulo, los guiaré a través de algunos de estos factores que pueden ayudarlos a ser más productivos. Las técnicas y consejos que les revelaré producirán resultados viables para ustedes sólo si deciden usarlos.

11 técnicas Esenciales para Aumentar Su Productividad
Para entender las formas de construir la productividad, es necesario que uno entienda el significado de la productividad. Son muchos conceptos erróneos sobre el término, y si no se manejan, la esencia de este capítulo nunca se logrará.

En primer lugar, tenga en cuenta que la productividad no sólo consiste en marcar las casillas de la lista de tareas pendientes. Es más que eso. La productividad, en este sentido, consiste básicamente en conseguir que se hagan las cosas correctas en el plazo adecuado y de la manera más eficaz posible. Tener el sistema perfecto para ayudarle a aumentar la productividad es muy necesario tanto para su vida laboral como para su vida familiar. Definitivamente, usted se mantiene a la vanguardia cuando entiende los mecanismos que impulsan la productividad.

Los componentes básicos de la productividad son el establecimiento de objetivos realistas y el logro de los mismos paso a paso. Al final de la tarea, usted debería poder preguntarse: "¿He hecho algo significativo con el espacio de tiempo que se me ha asignado? Si la respuesta es afirmativa, entonces hay que felicitarlo. Has sido productivo.

Una de las principales razones por las que las personas fracasan en ser productivas es que tienen demasiadas cosas que hacer. Ser capaces de seleccionar las tareas correctas para ti y realizarlas, es una habilidad muy especial e importante que debes aprender. Hay muchas más técnicas que son muy importantes cuando se trata de ser más productivos, y voy a explicarles algunas de ellas. Siga estas técnicas de cerca y observe cómo la productividad da un gran salto en su vida.

1. La Matriz de Eisenhower

Definitivamente necesitarás un bolígrafo y papel para estas técnicas porque tendrás que dibujar un cuadrante. Los dos primeros cuadrantes en la parte superior de los cuatro cuadrados serán marcados como "muy importantes". Los dos siguientes de abajo serán etiquetados como "menos importantes". Pero los dos primeros cuadrantes del lado izquierdo se marcarán como "urgentes", mientras que los dos siguientes de la derecha se marcarán como "menos urgentes"."

Después de esto, puede empezar a ordenar todas sus tareas en las casillas. Hay algunos que caerán en la categoría de "muy importantes" pero "menos urgentes". Otros serán "muy urgentes" pero "menos importantes". "Se trata de entender cómo colocar cada tarea. Cada tarea que caiga en "muy importante" y "muy urgente" debe ser la que usted enfrentará rápidamente. Esos definitivamente tienen mucho peso. Por otro lado, los que caen en "menos urgentes" y "menos importantes" son los que se pueden dejar para más adelante. Asignar sus tareas en todas estas casillas le ayudará en la toma de decisiones.

2. La regla 80/20

La idea de la regla 80/20 proviene de un modelo de negocio. Lo que significa que el 80% de todas sus ganancias provienen de menos del 20% de sus clientes y socios comerciales. Con eso, es necesario que sepas cómo tratar este 20% para que se queden y te sigan proporcionando el 80% de tu beneficio.

Traiga eso a su vida diaria y vea cómo se traduce. Fíjese en que sólo unas pocas cosas que usted hace realmente tienen un gran impacto en su vida. Menos del 20% de sus actividades diarias son suficientes para tener una influencia real en su vida durante un largo período de tiempo. Sería lógico que se prestara especial atención a ese 20 %, de modo que se pueda generar un impacto más significativo.

3. Las cinco áreas de especialización

Este concepto fue desarrollado por el CEO de Stack Overflow, y sus conceptos animan a que una persona nunca debe tener más de cinco actividades en su lista de tareas por hacer en cualquier momento. Mantenga sus listas cortas y trate de lograr todo lo que está en la lista con un período corto de tiempo para que pueda agregar más actividades a la lista y seguir adelante. Deberías estar trabajando en al menos dos actividades de tu lista, las dos siguientes deberían estar en cola, y la última debería ser una tarea secreta que sólo tú conoces, algo a lo que debes haberte desafiado a hacer.

4. Ejercite su cuerpo y mente

El ejercicio libera su cuerpo y lo prepara para funcionar. El ejercicio en esta forma no sólo tiene que ver con el cuerpo sino también con la mente. Mientras que el cuerpo se beneficia del ejercicio físico, la mente se beneficia del ejercicio mental. El ejercicio mental le ayuda a abrir su mente y permitir que su imaginación se desborde, lo cual es muy beneficioso para su productividad.

5. Un descanso le ayudará

Algunas de las personas más productivas entienden el poder de los descansos. No sólo ayudarán a que su cuerpo se relaje y sienta nuevas formas de relajarse y hacer las cosas, sino que también le permitirán a su mente reorientar sus planes. ¿Ha notado cómo las mejores ideas llegan a usted cuando se ha olvidado por completo del trabajo? Sí, ese es tu cerebro trabajando por su cuenta, sin ser molestado por el estrés de tu mente persuasiva y ansiosa. En lugar de trabajar durante mucho tiempo, fije un temporizador y haga las cosas en pequeños pedacitos. Se acumularán en una gran historia de éxito.

6. Evitar la multitarea

Hay personas que han optimizado sus cuerpos y mentes para la multitarea. Es bastante fácil para ellos. Eso rara vez es habilidad. Nadie dice que no puedes aprenderlo, pero no juegues con él todavía. Tómate tu tiempo para estudiarte y descubrir lo bueno que eres con la multitarea. Lo más probable es que no seas muy bueno, así que lo mejor es que no te aventures allí. Nada mata la productividad más rápido que una persona que intenta hacer varias tareas a la vez. Y en el sentido real de las cosas, la multitarea es una forma de distracción. Su mente permanece dividida durante todo el proceso. Concéntrese en un trabajo a la vez y vea hasta dónde puede llegar con eso.

7. Ama las cosas que haces

Esto no es fácil de hacer, especialmente para las personas que se han encontrado en trabajos con los que no están contentos. Si no eres feliz, significa que no amas lo que haces, lo que te lleva a la frustración. Si no estás contento, es mejor que te vayas y encuentres algo que te dé satisfacción. La verdad es que difícilmente puedes ser productivo haciendo algo que no amas. Si lo amas, tu mente ya no lo verá como trabajo, y te será más fácil realizar dichas tareas.

8. Estrangula tus distracciones

Deshacerse de las distracciones flagrantes es la clave para aumentar la productividad. Cada entretenimiento en su vida está ahí para reducir su nivel de productividad. Una vez que usted entienda esto y trate con ellos directamente, será más fácil superarlos a medida que lleguen. Dígale a su mente que se concentre en lo esencial y que no mire de reojo a lo que no es esencial. Lo curioso es que tu mente te obedece y le gusta terminar las tareas pendientes.

Encuentre un lugar tranquilo donde pueda trabajar, un lugar donde esté seguro de que no se distraerá. Este es el primer paso para lidiar con las distracciones. Si usted ha creado una lista, entonces dígase a sí mismo que no habrá diversión para usted hasta que haya logrado más o menos tres cosas en esa lista. Dividir nuestras tareas en partes más pequeñas siempre ayuda.

9. Completar las tareas más importantes a primera hora de la mañana

El mejor momento para completar sus tareas más intimidantes es temprano en la mañana cuando su mente está más vibrante y lista para realizarlas. No posponga su tarea hasta que se haga tarde, y entonces se encontrará apresurando la tarea para completarla. Empiece antes de que su mente comience a aflojar y observe su progreso incluso antes de que el día transcurra a mitad de camino. Completar las actividades más agotadoras temprano en la mañana le dará a su mente y cuerpo una especie de empujón positivo para seguir esforzándose más.

10. Crear un programa

No te precipites sin un plan. Un horario le ayudará a agilizar sus actividades y a mantenerlo más enfocado mientras ayuda a eliminar las distracciones. Pero no olvide crear tiempo para el descanso y el placer en su horario. De lo contrario, nunca será viable. Tómate horas enteras para calmarte y reponer tu mente.

11. Recompénsese a sí mismo

Si ha logrado algo que lo califica como productivo, entonces debe recompensarse a sí mismo. Su recompensa puede venir en cualquier forma, pero asegúrese de que sea algo que disfrute, algo que se agradezca a sí mismo. Tener las recompensas establecidas te dará algo que esperar para pedirte que intentes completar la tarea lo más rápido posible.

10 secretos detrás de la productividad según los multimillonarios del mundo

No hay mejor lugar para recibir consejos que el de los mejores de los mejores, algunas de las personas más productivas del mundo son multimillonarios. No es fácil controlar tu entorno, pero puedes aprender a hacerlo, y esto es algo en lo que los multimillonarios son muy buenos haciendo. Deberías sentarte e intentar aprender de ellos.

El mundo tiene más de 1500 billonarios, y la mayoría de ellos son bastante efectivos en la gestión del tiempo y la productividad. No te lo tomes a mal. Esta gente vive el mismo tipo de vida que tú. Reciben miles de correos electrónicos cada día que requieren ser clasificados. Tienen miles de empleados en sus nóminas, y también tienen que tomar muchas decisiones todos los días. ¿Alguna vez se ha preguntado cómo se las arreglan para mantenerse en la cima y lograr tanto en tan poco tiempo? ¿Cómo eligen las cosas que son importantes y las que se pueden dejar para más adelante? Son hombres y mujeres que han construido sus sistemas de riqueza de tal manera que reciben más de 5.000 dólares al día. Y la productividad es algo con lo que no bromean.

Aquí están algunos de los puntos más destacados que enumeraron como algunos de los más importantes:

1. **No tienes que estar en todas partes**

El difunto Steve Jobs declaró que para aumentar su productividad, pasaba mucho tiempo racionalizando el número de reuniones y lugares en los que tenía que estar al día. Algunos otros multimillonarios declararon que no hay necesidad de asistir a una reunión o de estar en un lugar si estás seguro de que no vas a ganar mucho dinero con ello. Es más importante que usted delegue a alguien para que vaya en su nombre en lugar de presentarse en el lugar de la reunión. La mayoría de los multimillonarios de alto perfil han descrito la mayoría de las reuniones como una pérdida de tiempo con la gente hablando de cosas irrelevantes.

2. **Simplifique su calendario**

Su calendario aquí se refiere a su horario. La mayoría de los multimillonarios aconsejan que la gente aprenda a mantener su calendario simple y descongestionado. En lugar de tener cientos de cosas que hacer en una semana, trate de escoger unas pocas que se puedan hacer en esa semana y deje el resto para la semana siguiente. No es bueno tratar de llenar tu horario con muchas cosas y no lograr ninguna de ellas a largo plazo.

3. **Identifique el lugar donde se desempeña mejor**

Todos somos diferentes, y todos tenemos diferentes psicologías. Debido a esto, las áreas en las que tenemos más probabilidades de rendir mejor difieren de una persona a otra. Encuentra tu lugar y apégate a él. ¿A qué hora del día se desempeña mejor? ¿Cómo debe ser un entorno antes de entrar en la zona de trabajo? Para algunas personas, un ambiente ruidoso es el lugar ideal para trabajar. Para otros, será un ambiente silencioso y muy aislado donde entrarán en contacto con muy pocas personas.

Una vez que averigüe qué es lo que mejor funciona para usted, constrúyalo y mejore ese entorno. Algunos multimillonarios tienen salas de pensamiento incorporadas en sus casas donde se sientan y piensan durante horas y horas; otros viajan a lugares muy apartados donde pueden comunicarse mejor consigo mismos. Y todo esto produce resultados maravillosos para diferentes individuos, especialmente cuando se practican de la manera correcta.

4. Concéntrese en las metas más importantes

Hay metas, y hay METAS. La clave aquí es no permitir que otros objetivos menos importantes le impidan alcanzar los principales objetivos importantes. Las personas que logran mucho saben cómo establecer las metas más importantes y enfrentarlas como si sus vidas dependieran de ello. Esto no quiere decir que ignores tus otros sueños. En su lugar, manténgase enfocados en los grandes, aquellos que tendrán el impacto más positivo en su vida en el menor tiempo posible.

5. ¿Qué tan bien lo estás haciendo?

Los multimillonarios son personas a las que les encanta seguir su proceso en cualquier proyecto. Nunca se hace nada porque sí. Ellos viven su vida intencionalmente y aman seguir todas esas intenciones y ver el éxito. Se aconseja que cree métricas con las que pueda utilizar para determinar el nivel de rendimiento. Sus métricas pueden ser el uso de un pequeño libro para escribir todo lo que logre o el uso de software o aplicaciones que le ayuden a rastrear el proceso. Con un proceso totalmente controlado, usted podrá ver y mejorar sus resultados.

6. Aproveche a todas las personas que le rodean

Las personas que te rodean son algunos de tus recursos más importantes. Los multimillonarios siempre han aconsejado a la gente que sea más consciente de las personas que los rodean. Si usted es el tipo de persona a la que le gusta trabajar por su cuenta y dejar fuera a otras personas, entonces debería aprender a hacer algunos ajustes en su vida. Siempre hay gente alrededor que puede hacer su vida más exitosa, y usted debe maximizarla. Los multimillonarios básicamente reportan que reclutan gente para ayudarles a alcanzar sus sueños e ideas. Llegar a utilizar a la gente es crear más tiempo para ti mismo. El trabajo se hace más rápido en menos tiempo. El mayor problema está en encontrar gente competente; pero una vez que pueda escalar eso, tendrá el tiempo más productivo de su vida.

7. La tecnología está ahí para usted

Los multimillonarios de renombre en todo el mundo son conocidos por su amor por la tecnología. Mira lo que Facebook hizo por Zuckerberg. Mira a Steve Jobs, Bill Gates y otros seleccionados. A veces la tecnología es su mejor opción. La tecnología lo hace más fácil y rápido.

La automatización puede funcionar en cualquier negocio siempre y cuando usted pueda descubrir una manera de introducirla en su negocio para ayudarle a trabajar mejor. Todo lo que tiene que hacer es asegurarse de que ya tiene un sistema de trabajo eficiente antes de incorporar la tecnología a su trabajo. Si no es así, puede que termines confundiéndote y no logrando nada.

8. Cree hábitos que ayuden a su productividad

Los multimillonarios son gente de práctica; saben cómo construir hábitos positivos que les ayudan a ser más productivos. Algunos de ellos son conocidos por ser personas que madrugan; otros, por ser animales nocturnos. Los multimillonarios saben cómo desarrollar los hábitos perfectos para ayudarles a ser más productivos.

9. Fijar el tiempo para el trabajo más importante

Recuerde que la actividad no es igual a la productividad. No te dejes ahogar por el ajetreo de la vida. Debe haber un tiempo fijo en el que usted lleve a cabo la mayor parte de sus actividades. Los multimillonarios productivos saben que hay que reservar un tiempo especial para realizar los trabajos más importantes. Durante este tiempo, no habrá llamadas, ni correos electrónicos, ni internet. Sólo tú y el trabajo estarán frente a ti.

10. Reconozca sus oportunidades

Los billonarios productivos tienen los ojos más adecuados para calcular las mejores oportunidades que deben ser maximizadas. Estarás tentado a tomar todas las oportunidades viables que se te presenten, pero no todas las oportunidades son para ti. Tómese su tiempo para revisar todas las oportunidades que se le presenten y encontrar las que mejor se adapten a sus habilidades y personalidad.

5 estrategias de gestión del tiempo para hacer más en menos tiempo

Hay algo sobre el manejo del tiempo que usted necesita saber: El tiempo no se puede gestionar. En su lugar, sólo puede gestionar los eventos que ocurren dentro de un período de tiempo, dando la ilusión de que se ha gestionado el tiempo. A cada uno de nosotros se nos ha proporcionado la misma cantidad de tiempo, que es de 24 horas al día y 7 días a la semana, y así sucesivamente. Entonces, la pregunta ahora es, ¿cómo puede encajar todas sus actividades en este período de tiempo para que usted salga con la máxima satisfacción y siga siendo productivo?

Con este entendimiento, también es necesario que usted note que el tiempo es también una mercancía. Se puede vender y comprar. También se puede presupuestar, y se puede usar con sabiduría y sentido común. Otra cosa es que la gestión del tiempo es un arte que se puede dominar.

Las estrategias de gestión del tiempo se ven afectadas por diferentes factores cuando son aplicadas por diferentes individuos. La personalidad, la voluntad de logro y el nivel de disciplina son algunos de los factores que pueden afectar la capacidad de una persona para manejar el tiempo. Estas estrategias han sido probadas a lo largo del tiempo para ayudar a las personas a administrar su tiempo. Practíquelos y observe cómo cambian su vida.

1. Organícese

La desorganización y la mala gestión del tiempo van de la mano. Donde uno está presente, el otro se manifiesta. Deshazte de cualquier forma de desorden que pueda haber asediado tu vida para que el tiempo sea gastado más sabiamente.

Hay maneras sencillas de lograr la organización y una vida decadente. Hay miles de recursos en Internet que pueden ayudarle, pero la manera más sencilla de salir es aprender cuándo dejar ir las cosas. Sepa qué guardar y qué dejar. Tenga en cuenta que el desorden al que se hace referencia no sólo tiene que ver con el desorden físico diario. También está el desorden mental y el desorden digital. Todos ellos tienen una forma de ralentizarlo y reducir su capacidad para manejar el tiempo.

Para deshacerse del desorden mental, asegúrese de que su mente se mantenga clara tanto emocional como psicológicamente. Una mente inestable es una distracción, que a su vez te priva de la concentración. El desorden digital, por otro lado, mezclará sus archivos, lo que le hará pasar horas buscando un documento. Trata con todo esto individualmente y regresa tu vida a la estabilidad.

2. Identificar y tratar con los que pierden el tiempo

La gestión de la productividad y el tiempo se ve afectado por una gran cantidad de factores externos controlados por las personas y las circunstancias de la vida en un momento dado. Estos factores son algunas de las principales causas de pérdida de tiempo, ya que tienen una forma de afectarle sin su conocimiento. Todo lo que pasa es que con el tiempo, descubres que te has perdido algo en alguna parte. Pero usted tiene el poder de aumentar o disminuir su efecto de tal manera que ya no son capaces de perder su precioso tiempo. Algunos de estos factores que usted debe tener en cuenta incluyen:

- Visitantes o invitados no invitados
- Mensajes de correo electrónico y cartas sin importancia que deben ser contestadas
- Internet (medios sociales)
- Relaciones
- Pequeños placeres

3. ¿Vale la pena tu tiempo?

Tómese unos minutos y trate de hacer un balance de su tiempo. ¿Cuánto vale para ti? Si vale algo, ¿cómo puede traducirse en productividad? Una vez que haga esto, usted encontrará por sí mismo un sentido de comprensión de que su tiempo debe ser gastado sabiamente debido a su valor. Cuando no se identifica el valor de una cosa, es fácil que se abuse de ella y se haga un mal uso de ella. Cree valor para su tiempo y no permita que ese valor se reduzca nunca. Si va a distraerse durante 15 minutos, debería poder determinar cuánto ha perdido durante esos 15 minutos. Con eso en su lugar, usted será capaz de organizar su mente y conseguir que usted mismo actúe.

4. Cuídese a sí mismo

Cuidarse a sí mismo es una de las principales formas de evitar perder el tiempo. Tómese un tiempo para relajar su cuerpo, su mente y su alma. Mantener su cuerpo y mente en su mejor forma le ayuda a realizar las tareas incluso más rápido de lo normal. Averigüe a qué hora del día su cuerpo se desempeña mejor y maximice esos períodos de la mejor manera posible.

El mal manejo del tiempo puede manifestarse como resultado de la fatiga corporal y la enfermedad. La depresión también puede causar que usted posponga actividades importantes, y es por eso por lo que su salud mental también debe ser revisada de vez en cuando. Tómese un tiempo para descansar su mente y recompensarse siempre que esté seguro de que ha logrado algo notable.

Debe haber un equilibrio saludable en su vida entre su trabajo y su familia. No puede haber ninguna forma de productividad real sin este equilibrio. En cambio, usted pasará mucho tiempo pensando que es productivo en el trabajo mientras su vida personal experimenta el fracaso.

5. Un necesario sentido de urgencia

Tener un sentido de urgencia es entender que no hay espacio para perder el tiempo. Es entender que la velocidad es necesaria cuando se presenta una oportunidad. Desarrollar la capacidad de tomar medidas y de tomarlas rápidamente. Una cosa es tomar la acción correspondiente y otra es tomarla antes de que sea demasiado tarde. Una cosa que diferencia a los que logran sus objetivos de sus opuestos es su capacidad para tomar las medidas adecuadas en el momento adecuado.

CAPÍTULO CUATRO: AGUDIZAR EL ENFOQUE

La conciencia es algo que hay que recordar cuando aprendemos a concentrarnos, ya sea en objetivos personales o en tareas asignadas. Es una de las herramientas que los líderes consideren para lograr una participación masiva de éxito. El comienzo de esta conciencia posiciona a los líderes para dirigir la atención de las personas que los siguen. Para sostener este crecimiento, el líder debe enfocarse en su cuidado.

Primero debemos saber que enfocarse va más allá de filtrar las alternativas mientras se presta atención a una. Uno podría concentrarse de diversas maneras y para diferentes propósitos para seguir un curso disponible. Ser un líder aquí no significa necesariamente que usted lidere en una posición de autoridad, y no es empujado a la idea de serlo. Nuestra prioridad es asegurarnos de que usted lleve una vida adecuada para sí mismo.

Recuerda que hay un mundo más grande al que prestar atención; esas cosas que te conectan con el mundo. La gente que te sigue (compuesta por personas con las que trabajas o para las que trabajas, por las que eres mentor y por las que eres responsable) también merece atención, y por último, a ti mismo.

Los problemas de los que usted se queja a menudo pueden provenir de la distracción, o tal vez de la multitarea. Con cosas que van desde reuniones hasta el horario de trabajo, revisiones y presentaciones consecutivas, y finalmente de nuevo a la supervisión, observe cómo cada día se ha convertido en una montaña de trabajo. Y apenas podías tener tiempo para ordenar tus pensamientos. Este programa sería razonable si usted está 100% seguro de su tasa de éxito y podría no necesitar un replanteamiento. Pero a la larga, puede que te desmorones mental y físicamente.

14 EJERCICIOS PARA DESARROLLAR UN ENFOQUE AGUDO COMO UNA NAVAJA DE AFEITAR

Comencemos con esas pequeñas tareas diarias que a menudo consideráis de poca importancia. Espere ver un cambio a medida que realiza los ejercicios con el máximo valor. Este será el gran avance para sostener el éxito de las actividades.

1. **Conozca su estructura de trabajo**

   Aumente su tasa de enfoque al entender los detalles del trabajo. Haga preguntas sobre lo que no esté claro. Reúnase con su supervisor o su superior directo y haga aclaraciones. Es posible que desee solicitar un registro de una tarea de este tipo que ya se haya realizado anteriormente.

   Su enfoque ahora será más preciso, ya que puede comprender cada fragmento de sus horarios de trabajo.

2. **Arregle su escritorio**

   Este ejercicio se ocupará de todas las distracciones que puedan surgir del desorden. Imagine que su mesa está llena de informes incompletos, documentos de seminario, actas y otros documentos oficiales relevantes. Lo que pasa es que cada vez que los ves te da ansiedad y preocupación. El miedo tiende a arrastrarse.

   Arregla o reordena tu escritorio según sea el caso. Mantenga los documentos en su orden de prioridad y gane algo de paz para su mente. Esta acción le permitirá ser consciente de lo que es más significativo en este momento, y serán conscientes de ello.

3. **Estire su cuerpo**
   La capacidad mental no está aislada de nuestros componentes físicos. Sus manos, piernas e incluso cuello juegan un papel importante en la mejora de su nivel de productividad. Nótese que no estoy negando otras partes de su cuerpo; tampoco subestimo sus funciones. Nuestra atención aquí es el papel que cada una de las partes de su locomotora juega en la revitalización de su cuerpo.

   Practique girar los dedos uno tras otro en el sentido de las agujas del reloj. Usted necesita ser cuidadoso y gentil con este ejercicio para no lastimarse. Continúe la rotación durante cinco minutos y preste atención al movimiento constante que está haciendo. Fijen su mente en todo lo que noten, desde el sonido de las dos primeras rotaciones hasta el flujo desigual del hueso de la punta. Usted podría ver sus venas y cómo su muñeca tiende a moverse con el dedo que gira. Tómese su tiempo para hacer esto con todos sus dedos, con su mente enfocada en el movimiento.

   Usted podría extender esta práctica a su mano también. Estire y mantenga la mano quieta durante unos 12 segundos y fije la mirada en el brazo extendido. Es posible que usted también quiera probar estirar otras partes de su cuerpo. Sólo asegúrate de prestar atención a todo lo que haces.

4. **Un estudio de tres minutos de un insecto**
   Los insectos están en casi todas partes. Los buenos lugares para disfrutar de este ejercicio serán en su jardín y en un parque. Camine hasta un parque y siéntese debajo de un árbol. Mira de cerca la corteza del árbol. Seguramente verás un insecto. Puede ser en el césped o en las ramas de una flor/planta.

Acérquese al árbol o a la planta pero no demasiado; asegúrese de mirar a su alrededor para no molestar a otros insectos. Estudiar el movimiento de los insectos. Ponga mucha atención al lugar donde comenzaron su viaje. Usted podría tener la suerte de verlos llevar partículas (si caminan con sus amigos y vecinos) de un lugar a otro.

Su enfoque mejorará si usted puede escoger un insecto de entre muchos y usar su vista para monitorearlo durante 3 minutos. Este período de atención puede parecerle largo debido a su movimiento, semejanza, estructura corporal y color.

5. **Estudio de la botella de colores**
Todo lo que necesitas para este ejercicio son botellas de diferentes colores. Puedes tener una mezcla de frascos de plástico y cerámica. Colóquelos en una mesa y cree una pequeña distancia de ella. Míralos fijamente todo lo que puedas. Comience con tres colores diferentes que pueden ser una mezcla de sus favoritos. Usted podría tender a enfocarse más en un color que en otros; su objetivo es estar atento a un color específico. Cuanto más conozca la botella de su elección, más se fortalecerá su enfoque.

Siempre que tu mente se aleje de tu tarea, trata de traerla de vuelta lo más rápido posible. También puede anotar los pensamientos que pasan por su mente durante el proceso de este ejercicio.

6. **La música jazz**
El género de esta música puede no ser su elección, pero escucharlo le ayudará a aumentar su nivel de enfoque. Observe que hay una suave combinación de instrumentos musicales para este tipo de música. Su atención debe estar en el tiempo de cada uno de los instrumentos utilizados.

Tu primera tarea es entrar en el ritmo. ¿Cómo te hace sentir la música? Su entorno actual no es su preocupación por ahora, y es por eso por lo que será mejor que haga este ejercicio a puerta cerrada. Lo siguiente que hay que hacer es canalizar tus emociones hacia tus pensamientos. Para hacer esto, traiga sus sentimientos para alinearlos con sus ideas a través de la música. Hay una emoción que sigue al piano, mientras que la batería también es diferente. Sólo fluye con la música y no te alejes.

7. **Ejercicio de olfato**

    Este ejercicio funcionará bien para aquellos que tienen un fuerte sentido del olfato. Pero no deja fuera a todas las demás personas. Cada vez que haya un olor fuerte, trate de ser un detective. Esfuércese por rastrear de dónde viene el olor. Puede ser el olor de un café, un perfume, una flor o incluso una comida. Deje que su cerebro interprete el aroma y disfrute de la sensación que le brinda. Se puede ir más lejos para conocer la intensidad, como en el caso de los alimentos. Es posible que desee determinar si la comida está hirviendo o quemándose.

8. **Informe de la película**

    Tu tipo de película favorita puede ser romántica o de acción. Su enfoque en el cine debe ser en qué tan bien puedes contarle a otra persona sobre la parte más emocionante. Si puedes hacer esto con éxito, entonces muévete un paso más arriba convirtiéndote en la película de la que hablar con un amigo. Hacer esto requerirá una atención más seria que la película. Usted es tanto el actor como el director aquí. Se le pedirá información detallada y específica sobre todo lo que hace y cómo lo hace. Este ejercicio le permitirá comprender sus acciones y lo más probable es que exponga la intención que hay detrás de ellas.

9. **Sienta su pulso**
No se necesitará ninguna herramienta para llevar a cabo este ejercicio. Para que usted tenga éxito en este caso, primero necesita monitorear cómo respira. Ponga atención en cómo inhala y exhala. ¿A qué ritmo? ¿Y en qué condiciones respiras rápido o lento? Usted podría notar que cuando está un poco ansioso, su respiración cambia en comparación con cuando está seguro de sí mismo.

Estar en una posición cómoda, ya sea en el suelo o en una silla. Asegúrese de que su cuerpo esté relajado. Respira lenta pero profundamente y comienza la experiencia. Concéntrese en el sonido sutil de su pulso y respire. Es posible que también quiera experimentar la lentitud con la que se expande su pecho.

La atención prestada al principio podría no ser tan perfecta pero no seas duro contigo mismo. Hágalo repetidamente y disfrute de la tranquilidad que acompaña el patrón de pensamiento natural de este ejercicio.

10. **Vea con los ojos cerrados**
Como el ojo es el órgano que da la vista, es la puerta más accesible a la mayoría de las distracciones. No necesitamos arrancar esos ojos para dejar de verlos. Pero también podemos confiar en ellos para reforzar nuestro enfoque.

Vaya a un lugar público pero con poca gente alrededor, cierre los ojos y concéntrese en sus sentimientos. Si tienes éxito en combinar bien tus emociones, da un paso más en este ejercicio yendo a donde hay una multitud. Fíjese en los sonidos que le rodean: los pasos, el canto y la charla. ¿Aún puedes concentrarte en tus sentimientos? Si la respuesta es afirmativa, intente comprender lo más posible lo que está sucediendo a su alrededor. Una vez que llegas a este nivel, tu atención se ha incrementado a un nivel definitivamente alto.

11. Escucha de forma Consciente

Este ejercicio es similar al reportaje de la película, sólo el grupo de amigos involucrados es diferente. Hable con sus amigos acerca de tener una discusión de corazón a corazón. Será interesante si tienes una mezcla de hombres y mujeres.

Agrúpense en grupos de dos personas de sexos opuestos y formen un grupo de escucha. Asegurarse de que haya un coordinador que supervise este ejercicio. Discuta cualquier tema que todos ustedes estén de acuerdo en conversar sólo con amigos. Cuando su pareja haya terminado, cambie de papel y sea la que escuche. El tiempo será necesario para este ejercicio, digamos cinco minutos. Cuando el grupo termina sus primeros diez minutos, el coordinador anuncia que ambos compartan la historia del otro tal como la escucharon. Asegúrese de usar la palabra exacta, la frase y, posiblemente, el gesto tal como se le dijo. Haga que la historia de su pareja parezca personal para usted.

Al final de la sesión de cada uno, el coordinador permite que cada uno comente su experiencia. Al final de este juego, todo el mundo habrá sido capaz de lograr algún nivel de atención reforzada.

12. Comer Conscientemente

Comer conscientemente no significa comer por impulso o alimentarse, influenciado por las emociones. Implica la conciencia necesaria al comer sus comidas diarias. Y puesto que la comida es esencial para nuestras necesidades nutricionales diarias, podrás disfrutar más de la comida prestando atención. La satisfacción vendrá cuando usted tenga una comprensión de por qué come. La idea de la razón debe estar lejos del hambre. Se trata de construir una relación con la comida.

Comencemos con el proceso de cocción y el olor que le acompaña. Tal vez no has estado lo suficientemente consciente como para absorber los sentimientos asociados a la "precocción y la pre-comida". Su objetivo al comer no debería ser tragar. ¿Qué hay del colorido, la guarnición y el arreglo de los cubiertos?

Disfrute de su próxima comida tomándola en trozos. Muerda, mastique constantemente la comida, y permítase experimentar la sensación de cada cuchara. Mientras come, usted puede preguntarse si la emoción que lleva consigo es la correcta. No coma porque todos parecen estar comiendo en ese momento. Es probable que haya estado haciendo esto antes, pero es posible que no le guste este ejercicio si eso es lo que le motiva a comer. Recuerde que nuestro objetivo para este ejercicio es poder concentrarnos en cada detalle de lo que come.

13. Sentarse y pararse conscientemente

A menudo lo hacemos sin tener en cuenta la frecuencia con lo que lo hacemos. Enfoque su atención a sus actividades diarias. Sentarse y pararse podría aumentar la capacidad de enfoque del láser. Es probable que uno se levante y descanse muchas veces en un día sin darse cuenta de ello.

Puedes crear conciencia al hacer lo mismo, estar a cargo de la decisión de ponerse de pie o sentarse. Puede que al principio no suene fácil, pero vale la pena intentarlo, y puede que incluso lo recuerde después de haber caminado unos metros. Una vez que registres esta conciencia como un nuevo vocabulario en tu mente, te verás a ti mismo familiarizándote con ella.

14. Ejercicio de conteo de palabras

Pruebe este ejercicio con su libro, revista o periódico favorito. Comience con cinco párrafos y léalos. Después de haber absorbido el contenido, comience el conteo de palabras. Cuente cada palabra desde el primer párrafo hasta el último y repita el proceso en orden descendente. Será esencial que anote cada palabra que cuente. Guarde en la memoria el uso, la función y la intención. Cuanto más haga el recuento, más consciente será de las palabras.

También puede comprometerse para tener en cuenta el número de palabras de cada párrafo. Cuando esté seguro de sus logros en cinco secciones, puede pasar a 10, 20 o incluso a un capítulo entero.

El vínculo crucial entre el cerebro y el vientre

Un factor crucial que considerar cuando se piensa en un estilo de vida saludable es la comida que se toma. Los beneficios tradicionales de los alimentos van desde los medicinales hasta los nutricionales; es la acumulación más considerada de la solidez general del cuerpo. Como se dice: "Tú eres lo que comes".

Se prescriben comidas individuales a los pacientes en función de su enfermedad, imperfecciones y síntomas. Y esto ha demostrado ser eficaz con el tiempo. Además de los factores genéticos, la alimentación tiene la capacidad de cambiar el nivel de crecimiento de los individuos. Un ejemplo será una comparación entre niños bien alimentados y niños desnutridos.

Existe una conexión entre nuestro nivel de productividad y los alimentos que consumimos. Usted estaría de acuerdo en que no comer adecuadamente tiene una manera de decir sobre el cerebro. Recuerda cuando estás hambriento. El único pensamiento que llena tu mente es el consumo de comida. Esta sensación no es extraña porque se ha comprobado que la presencia o ausencia de alimentos regula su actividad, su estado de alerta, su energía y su disposición. Cuando tienes hambre, tu capacidad de concentración se ve reducida y tu estado de ánimo no será el mejor.

Tu cerebro sufre cuando tienes hambre porque no puede funcionar a su máximo potencial. Usted no podrá concentrarse en una tarea; e incluso cuando lo haga, lo más probable es que no sea excelente porque su nivel de azúcar en la sangre no está regulado.

1. **Almendras**

    Contiene fibra y proteína, que se sabe que aumentan la sensación de saciedad. Comer esta nuez le permite consumir menos calorías al día. También tiene un antioxidante llamado ácido fítico que protege contra el estrés oxidativo. Asegúrate de consumir la capa marrón de la piel

2. **Salmón**

    La presencia de un alto contenido de ácidos grasos omega-3 es lo que hace que el salmón sea capaz de aumentar la memoria y el rendimiento mental. Un suplemento de aceite de pescado también puede lograr resultados óptimos para la depresión.

3. **Té verde**

    Este té natural contiene L-Tianina. Esta propiedad es un componente que aumenta la calma y la tranquilidad. Funciona perfectamente con otra parte llamada cafeína al hacer que se libere constantemente. La cafeína aumenta la concentración y el estado de alerta. Usted puede permanecer activo todo el día cuando lo disfruta en su forma pulverulenta.

4. **Plátanos**

    El plátano contiene glucosa que libera energía al cuerpo. Comer un plátano al día complementará la necesidad diaria de glucosa. También es excelente como un alimento entre comidas, ya que te llenará. Puede probarlo con un cacahuete para un tentempié. La presencia de pectina en el plátano regula el nivel de azúcar en la sangre y reduce el apetito al reducir la vastedad del estómago.

5. **Huevos**

   Un huevo contiene una abundancia de grasa Omega-3 y una vitamina B llamada colina, entre otros nutrientes. Trabaja para mejorar los sensores mentales reactivos y también eleva la lipoproteína de alta densidad que está conectada para reducir las posibilidades de muchas enfermedades.

   El nutriente en el huevo aparece más porque una de sus calorías es más alta que la mayoría de los alimentos. Estos nutrientes pueden ayudar a mantener el hambre alejada durante un período prolongado.

6. **Arroz Integral**

   El magnesio presente en el arroz integral alivia el estrés y aumenta la productividad. A diferencia del arroz blanco, la energía presente se libera lentamente para acumular cada vez más energía a lo largo del día. El beneficio para la salud está contenido en su forma de grano entero. Otro componente fantástico es el bajo índice glucémico. El índice glucémico muestra la rapidez con la que una comida eleva el nivel de azúcar en la sangre de una persona. El arroz integral está clasificado como un alimento con IG promedio, lo que lo hace fácil de consumir.

7. **Chocolate negro**

   Una vez que la concentración de cacao es de 70 por ciento o más en el chocolate, entonces el valor nutricional es algo que hay que celebrar. Los flavonoides que se encuentran en el chocolate así como en otras frutas y verduras tienen propiedades antialérgicas, antiinflamatorias y antitumorales. Los flavonoles también reducen el riesgo de enfermedades cardíacas, cáncer y deposiciones. Busca reducir la presión arterial y ayuda en el flujo sanguíneo, dejando su cuerpo activo todo el día. Una vez que su corazón esté perfecto, su cerebro no tendrá ningún problema para funcionar.

8. **Arándanos**

   Los arándanos son conocidos por sus propiedades antioxidantes que combaten las enfermedades, así como por ser capaces de detener la hinchazón abdominal. El beneficio oculto de esta fruta es que mejora la capacidad cognitiva. Tu cerebro está listo para el día con esta fruta.

5 maneras de desarrollar una autodisciplina inquebrantable

El aprendizaje no se detiene al momento de hacer, sino que continúa hasta que el comportamiento sea personalizado. Usted no aprobaría el conocimiento de un niño hasta que se convierta en parte de su estilo de vida. Por ejemplo, después de que un niño ha aprendido a asearse en la escuela pero todavía llena su habitación con juguetes, usted estará de acuerdo en que no ha aplicado el conocimiento a su vida diaria. La afirmación podría no ser correcta si mantiene una sala limpia durante la primera semana de aprendizaje pero no continúa después de las siguientes semanas. No se debe a la falta de memoria; se debe a la falta de deseo, impulso y motivación para persistir. En general, podemos decir que no es lo suficientemente disciplinado como para continuar.

La autodisciplina implica todo esfuerzo por controlarte a ti mismo. Esta definición puede sonar vaga ya que usted siente que siempre ha estado a cargo de sus decisiones. Puede que sea correcto, pero ¿qué pasa con tus impulsos, emociones y sentimientos? Esas son las grandes cartas de tus éxitos y fracasos, dependiendo de lo bien que hayas dominado el juego. La capacidad de comprometerse conscientemente a cumplir con sus objetivos independientemente de los diferentes sentimientos puede ser llamada autodisciplina.

A estas alturas, ya debes haber mejorado tu nivel de concentración. Mantener este logro es la razón por la que la autodisciplina es necesaria, ya que esto formará otro hábito en ti. El proceso no será rápido, pero seguramente ayudará a su nivel de productividad y mantendrá cualquiera de sus comportamientos positivos aprendidos.

Comenzará con un enfoque constante para analizar cuidadosamente lo que usted hace en línea con el proceso de mejorar. Por ejemplo, probar el ejercicio de escucha consciente le permitirá adaptarse a las condiciones cambiantes de los diferentes sonidos de su entorno, y le permitirá fluir con las circunstancias sin afectar su atención (su ser interior).

Una comprensión aguda de este tema le ayudará a lograr un resultado excelente para mantener un enfoque de primera clase, vencer la pereza y derrotar la dilación. Tome en serio los siguientes aspectos de la autodisciplina sostenida:

1. **Identificar y analizar sus desencadenantes**

    Colocarse en una zona segura no sólo es necesario cuando se trata de una tarea peligrosa, sino que debe ser natural. Nuestro casco aquí es para mantener la autodisciplina y para identificar los desencadenantes que causan la distracción. Esta acción no sólo tiene por objeto lograr el éxito por sí sola, sino también profundizar hasta la raíz para medir la causa de su fracaso reiterado. ¿Qué causa que usted pierda el enfoque? ¿Cuáles son los factores que le empujan a realizar la tarea en el futuro?

    Haga una evaluación adecuada de esos elementos y sea sincero en la medida de lo posible. Lo mismo ocurre con los desencadenantes que aumentan su nivel de productividad. Es posible que el mismo factor contribuya tanto al aumento de la productividad como a la dilación. Por ejemplo, su pareja en su lugar de trabajo podría inspirarle a hacer más a través de su actitud implacable hacia el trabajo y, al mismo tiempo, convertirlo en un adicto al mundo digital.

Una vez que tenga claros los factores desencadenantes, proponga alternativas. Trate de escribirlas. Puede hacerlo de la misma manera en que usted escribe su lista de cosas por hacer. Cree otra lista de no hacer para contrarrestar esos problemas. A través de este enfoque, no te verás a ti mismo cayendo en el mismo pozo una y otra vez.

2. **Esté seguro de su propósito**

Se requerirá un fuerte deseo de ganar para mantener un curso de autodisciplina inquebrantable. Haga una serie de preguntas. ¿Por qué quiero leer un capítulo de un libro al día? ¿Por qué debo comer cereal una vez cada dos días? La autoconciencia es necesaria para mantenerte en marcha. Analice sus sentimientos y emociones para asegurarse de que no está jugando con ellos. Tenga claro que su comportamiento pre aprendido no se basa en una suposición temporal o está influenciado por el ritmo del momento.

3. **Construya un Bloque de Motivación**

Cree un sistema que alimente continuamente su pasión por el compromiso. Podría ser un ambiente competitivo en el que usted pueda trabajar mejor o superar a los demás. Ya que puedes medir tu progreso con colegas que trabajan duro, tu progreso estará en el buen camino.

Otro bloque de motivación puede ser la introducción de una herramienta de recompensa y castigo. La herramienta de recompensa podría ser comprar un artículo para usted cada vez que alcance o supere un objetivo. También podría ser tomar un tiempo muerto para divertirse. Usted podría pensar en pagarle a un amigo una suma de dinero acordada como su herramienta de castigo. Sólo asegúrate de que tu motivación te mantiene en marcha.

4. **Elija un modelo**
   Mira hacia el mundo exterior para mantenerte en el buen camino. Busca a alguien que haya estado en el camino que quieres seguir. Debe ser alguien que domine el hábito y que haya demostrado que se ha desarrollado con el tiempo. Puede ser tu profesor de universidad, tu instructor de gimnasia o tu cabeza espiritual. Asegúrese de que tiene razón sobre a quién elegir. Prepárate para seguir cualquier cosa que te digan que hagas. Puede parecer riguroso al principio, pero el resultado deseado saldrá a la luz.

5. **Diseñar una estrategia**
   He aquí una de las herramientas esenciales para mantener la autodisciplina: Desarrolle un plan para trabajar con él. La disciplina no es automática ya que implica un proceso de construcción. Su acción debe incluir una fecha límite y una guía paso a paso realizable. Lo bueno de estos mini hitos es que usted podrá medir su progreso. Y un sistema de recompensa de sonido puede mantenerlo enfocado y dominar un sistema de control activo.
   El objetivo de este plan no es abrumarse con sus metas. El progreso es el principal combustible que le empujará más lejos para actualizar sus estrategias. Las fechas límite también le obligarán a reunir todos los recursos a su alcance para lograr el éxito en una fecha específica.

CAPÍTULO CINCO: ESTABLECIMIENTO DE METAS PARA EL ÉXITO

Puede que hayas pasado mucho tiempo preguntándote por qué las cosas no parecen funcionar bien para ti. Una vez tienes un sueño ardiendo en tu mente con planes completos para lograr ese sueño, y la siguiente cosa que sabes, se ha ido, y no has logrado nada. Puede que también hayas pasado mucho tiempo pensando, comparándote con personas que logran las cosas con facilidad; personas que parece que simplemente nacieron para tener éxito. Estas personas saben lo que quieren, declaran lo que quieren, y lo siguen con todo su celo hasta que lo ven logrado.

Hay poco o ningún secreto relacionado con estas personas y su éxito. Lo único que te diferencia de ellos es la capacidad de establecer metas. Esta gente no sólo trabaja duro, sino que también es inteligente. Y trabajar de forma inteligente implica establecer objetivos sólidos y viables. Sin metas, la vida sería simplemente sin dirección, y una vida sin dirección será una vida improductiva sin nada por lo que vivir.

La mayor parte del tiempo, sólo unos pocos de nosotros nos sentamos y trazamos un curso para nuestras vidas. Toma la vida como un mar tormentoso, contigo y tu bote flotando en ese mar. Hay muchas posibilidades de que te saquen de curso. Pero si tiene una brújula, le será más fácil encontrar el camino a casa después de que la tormenta haya amainado. Su objetivo es como una brújula que le ayuda a volver a poner en jaque después de un período de extravío.

En este capítulo, repasaremos algunos de los conceptos básicos para establecer metas. ¿Cuáles son las mejores técnicas y consejos que debe emplear al establecer metas? ¿Qué tan realistas y factibles deben ser sus metas para que no terminen frustrándolo mientras trabaja para alcanzarlas?

Conceptos asociados con el establecimiento de metas

Antes de que comencemos a explorar las técnicas necesarias para establecer metas, hay algunos conceptos sobre el establecimiento de metas que usted tiene que entender. Si no se entienden bien, entonces les digo que todo el proceso terminará lleno de fracasos. La pregunta más importante de todas es:

> **¿Por qué tengo que fijarme metas?** Esta es una pregunta muy personal, y usted tendría que dar una respuesta personal antes de poder continuar. Sin dar una respuesta, nunca podrás conectarte con la actividad de establecer metas a un nivel más personal.

Al establecer metas, estas dos cosas le ayudarán a forjar algo que funcione.

- **¿Cuáles son sus objetivos?** ¿Qué es exactamente lo que quieres? ¿Quieres aterrizar en la luna algún día? ¿Necesita perder más de 100 libras con 6 meses? ¿Piensas ganar un Oscar antes de cumplir los 40 años? Identifique estas metas porque le proporcionarán claridad instantánea. Las metas ayudarán a su mente como una brújula para el logro. De hecho, una meta identificada pone tu corazón en llamas como ninguna otra.
- **¿Por qué quiere lograr estos objetivos?** No puedo decirte nada más importante en el establecimiento de metas. Sin un propósito o una razón, sus metas son tan buenas como las nueces. Tómese un tiempo libre y evalúe la razón por la que se fijó estas metas. ¿Necesitas conseguir un buen coche para que te ayude a sentirte bien con tus compañeros o porque te ayudará a moverte más rápido por la ciudad? ¿Está tratando de perder peso porque alguien lo insultó por su talla grande o simplemente porque quiere vivir más saludable? Como ustedes saben, una meta fijada

por una razón egoísta nunca llega a ver la luz del día en cuanto a su logro. Con un propósito concreto y bien definido, el establecimiento de objetivos será mucho más fácil.

Formas de Metas

Para establecer una meta de manera efectiva, usted necesita entender qué tipo de meta está fijando. Hay diferentes tipos y encontrar el correcto le ayudará mucho. La forma más importante de categorización de metas es la que se realiza en base al cronograma. Estos incluyen:

1. **Metas a corto plazo:** Estos objetivos son los que se pueden alcanzar en poco tiempo, por ejemplo, en un período de seis meses o menos de un año. Al establecer tales metas, usted debe considerar aquellas que pueden ser fácilmente alcanzadas para que pueda seguir adelante con la siguiente meta.
2. **Metas a largo plazo:** Estas metas toman un espacio de tiempo más largo antes de que se actualicen por completo. Incluso tardan años. Algunos de estos objetivos incluyen el aprendizaje y la puesta en marcha de un negocio, la crianza de un hijo o la lucha contra el cáncer.
3. **Objetivos de toda la vida:** Metas como estas pueden llevarle toda una vida para lograrlas. Lo que pasa con las metas de toda la vida es que es posible que nunca sepas cuándo se cumplirán. En algún momento, usted se sentirá frustrado y querrá darse por vencido. Pero debe tener en cuenta que los objetivos de toda la vida se basan en el logro de objetivos a largo y corto plazo. Un ejemplo de meta de una meta de por vida es un niño con el sueño de convertirse en presidente.

10 técnicas para fijar metas para lograr sus metas más rápido

1. Identificar los beneficios de lograr esa meta.

Una cosa es que usted sepa el propósito de seguir una meta hasta el final, y otra cosa es que entienda el beneficio de lograr esa meta. Si una meta no tiene ningún beneficio, ni para ti ni para las personas que te rodean, entonces no habrá necesidad de perseguirla porque incluso tu mente se sentirá frustrada tratando de obligarte a actuar. Saber lo que hay en él para usted será suficiente impulso para ayudarle a sentarse y ponerse a trabajar. Para un ejercicio, escoja su libro de establecimiento de metas y anote algunos de los beneficios que disfrutará si se logra una meta. Piense largo y tendido mientras llena esos espacios con respuestas.

2. Establezca metas compatibles.

Cuando se trata de fijar metas que se pueden alcanzar fácilmente, es necesario que sean compatibles entre sí. Establecer objetivos incompatibles hace que pierda su tiempo y energía. Pronto te sentirás muy estresado y débil, incapaz de seguir adelante con la búsqueda de tus metas. Una meta puede ser pasar más tiempo con la gente y hacer nuevos amigos, y otra meta puede ser aprender a estar por su cuenta con más frecuencia y concentrarse en una tarea determinada. Estos dos son conflictivos. No puedes pasar más tiempo con tus amigos y aun así tener suficiente tiempo para completar la tarea. A la hora de fijar los objetivos, es necesario que mire en cada uno de ellos y mida su compatibilidad con el resto de los que aparecen en la lista.

3. Cree un saldo permanente.

No te permitas involucrarte demasiado en tratar de alcanzar una meta en particular que empieces a ignorar a los demás. La vida funciona con equilibrio. Usted debe aprender a compartir su tiempo equitativamente entre todas sus metas. No tendrá sentido que tengas éxito en un aspecto y que fracases en el otro. Usted puede estar experimentando mucho éxito en un aspecto de su vida, pero cuando descubre que el otro aspecto está inacabado, puede ser demasiado tarde.

4. Pida ayuda cuando sea necesario.

Por eso se llaman metas; no se pueden alcanzar solas. Hay muchas personas a tu alrededor que estarán dispuestas a ayudarte con tus metas si tan sólo aceptas ser humilde y cumplirlas. Por cada meta que usted quiera alcanzar, hay alguien ahí fuera que ha logrado esa meta hace mucho tiempo. Usted debe conectarse con ellos y averiguar cómo lo hicieron, qué obstáculos enfrentaron y cómo los superaron.

Cuando analice sus metas, trate de identificar lugares en los que pueda ser ayudado para que sea más específico en la búsqueda de esa ayuda. Éstas pueden incluir habilidades que usted necesita adquirir o conocimientos que desea adquirir.

5. Concéntrese en las cosas que mejorarán sus metas.

Cuando haga su horario para el día, trate de considerar básicamente aquellas cosas que agregarán valor a sus metas. Ésas son las cosas que usted debe considerar más. Deberían quitarte más tiempo. Hay otras actividades que puedes modificar para ayudarte a crear más tiempo para estas otras actividades. No dude en hacerlo.

6. Hay trabajo que hacer y nadie te ayudará a hacerlo.

Esto es probablemente la cosa más importante que usted debe saber sobre el establecimiento de metas. No se trata sólo de escribir las metas en un libro y mirarlas todo el día. Hay mucho más apegado a él, y la mayor parte es trabajo. Usted debe aprender a asumir la responsabilidad que se asociará con el trabajo que está a punto de hacer. En algunos momentos, si empiezas a experimentar el fracaso, tu mente estará ansiosa por ayudarte a cambiar la culpa. Por favor, supere esta tentación placentera. No te llevará a ninguna parte tangible. En lugar de dejarse atrapar en la red de quejas y excusas, decida que, pase lo que pase, ese objetivo debe cumplirse.

7. Elimine las posibles interrupciones y distracciones

Encontrará muchas distracciones e interrupciones en su camino hacia el logro de sus objetivos. Vendrán disfrazados de muchas maneras, y se exhibirán como cosas que necesitan ser llevadas a cabo con urgencia. Tal vez algunos de ellos sean legítimos, por lo que necesitaría su discreción para poder seleccionar el trigo de la cizaña. La mayoría de ellos simplemente serán derrochadores de tiempo en una misión para matar su tiempo y retrasarlo. La habilidad de diferenciar con éxito qué actividades valen su tiempo es una habilidad muy importante que necesitará dominar si quiere alcanzar esas metas.

8. Manténgase abierto al cambio

Pueden surgir muchas cosas inesperadas y es posible que tenga que hacer algunos cambios en sus objetivos. Puede ser un cambio positivo, pero un cambio de todos modos. Una vez que notes que algo no planeado e imprevisto está a punto de ocurrir, ese será el momento perfecto para hacer evaluaciones y conocer aquellas cosas que pueden ser cambiadas. También puedes mantener tu mente abierta y buscar oportunidades en ellos.

9. Necesitará un nivel de persistencia

Trabajar hacia su meta no es todo lo que necesita hacer para lograrla. Poner todo el esfuerzo necesario en la etapa inicial y luego vacilar al final sólo hará que te arrepientas de todo el proceso. La persistencia es la especia necesaria que hace que su trabajo duro valga la pena. Seguramente encontrará muchos baches en su camino, pero mantenerse al día con todo lo que se requiere de usted es algo que le garantizará el éxito a largo plazo. Recuerda que todas las cosas que harás ahora serán sólo sacrificios a corto plazo, y te proporcionarán placeres a largo plazo. Depende de usted.

10. Revise constantemente sus metas

Revisar sus metas le ayudará a identificar cualquier progreso que haya logrado con el tiempo. También le brinda la oportunidad de identificar los lugares en los que puede haber fallado. Al revisar sus metas, hágase preguntas acerca de hasta dónde ha llegado para alcanzar la meta, qué pasos deben cambiarse para lograr la meta con más rapidez y si todavía está en el camino correcto. La revisión de las metas también le ayudará a motivarlo para que se desempeñe mejor.

7 cosas que debe saber sobre cómo fijar las metas correctas
Siempre le digo a mi audiencia que encuentre las metas correctas que se proponga. Hay metas para ti, y también hay metas que no deberías molestarte en fijar porque no le darán ningún valor a tu vida. Si no se establecen las metas correctas, entonces existe la posibilidad de que usted pierda el enfoque incluso antes de que se logren. Establecer las metas correctas tomará algún tiempo. Los objetivos correctos no sólo vienen a usted preparados. Es posible que necesite hacer una lluvia de ideas antes de encontrar las metas adecuadas para usted y las que no lo son. Pero hay algunas técnicas generales que puede poner en práctica para ayudarle en su selección. He aquí algunos de ellos:

1. **La Meta Correcta puede ser Medida**

Sus metas deben ser metas que se puedan medir fácilmente para averiguar el éxito que ha tenido con ellas. Si escribes tus metas y las rompes en pedacitos, entonces debería haber una manera para que puedas marcarlas y medir el éxito. Una meta que se puede medir debe ser una que sea específica, como: "Perderé diez libras antes de que se acaben los meses". "o "Debería terminar de escribir mi próximo libro antes de que se acabe el año. "Todos estos son ejemplos de objetivos mensurables. Este tipo de metas le facilitan el seguimiento del éxito.

2. **Las metas correctas pueden ser manejadas**

Si usted se encuentra constantemente abrumado por una meta, puede significar que no es la meta correcta para usted. La meta correcta es esa meta que usted puede dividir en metas más pequeñas. Estas metas más pequeñas servirán como hitos que contribuirán al logro de la meta principal. Dividir sus metas en partes más pequeñas le ayudará a mantener un registro de su tasa de éxito.

3. **La meta correcta se puede alcanzar sin importar los obstáculos que la acompañan**

Cada meta en su lista de metas debe tener un punto con el cual usted pueda finalmente medir el éxito. Si su meta tiene ese punto en el que usted puede mirar atrás y decir que ha recorrido un largo camino, entonces es una meta abstracta. Fijarse un objetivo y decir: "Quiero vender mis productos" no es un objetivo. ¿Cuántos de estos productos desea vender? Si no define claramente lo que es un logro para usted, entonces no podrá recompensarse ni siquiera cuando venda mil de esos productos. En tu mente, la meta sigue sin cumplirse, y pronto, te darás por vencido. Lo principal es poner un objetivo en todas sus metas.

4. **Cualquier obstáculo contra el logro de los objetivos correctos puede ser fácilmente detectado a gran distancia**

Si te encuentras con problemas imprevistos mientras intentas ejecutar un objetivo, puedes tomar eso como un punto en el que el objetivo no era para ti todo el tiempo. La meta correcta es una que le permita detectar cualquier problema futuro mientras hace una revisión de los pasos necesarios para lograrlo. Una vez que estos problemas se presentan en la etapa inicial, todo lo que tienes que hacer es poner medidas para mitigar su efecto.

5. **La Meta Correcta tendrá una fecha límite realista y viable.**

   Cada meta necesita un marco de tiempo, un período con el que debe cumplirse. Con una fecha límite establecida, su mente se mueve a trabajar para producir un resultado. Una vez que usted ha llegado con un marco de tiempo dentro del cual su trabajo debe ser cumplido, usted descubrirá que un sentido de urgencia será instantáneamente asignado al trabajo. Y tener un sentido de urgencia es algo que mencioné antes y que le ayudará a establecer sus metas. Debe tener suficiente tiempo que le ayude a alcanzar la meta, sin embargo, el tiempo no debe ser demasiado largo para que usted no se desinterese de la meta. Pero usted debe tener en cuenta la magnitud de su meta al establecer un marco de tiempo, para no terminar engañándose a sí mismo.

6. **La meta correcta puede ser fácilmente visualizada**

Si no tienes una foto, entonces no tienes un destino. ¿Nuestra meta le da una imagen? Si lo hace, ¿cuán tangible y real es? Cuando haga una revisión de sus metas, imagínese a sí mismo cumpliendo la meta. Imagínese sosteniendo su novela completa en sus manos. Imagínate con tu título dentro de tres años. Imagínate a ti mismo en tu auto. Cuanto más fuerte y clara sea la imagen, más fácil será conseguir la motivación para trabajar hacia ella. Usted puede fácilmente cambiar un día aburrido y desmotivado por un día productivo imaginando los resultados de su éxito. Sus metas deben tener una imagen.

7. **La meta correcta siempre tendrá un valor a largo plazo para su vida**

Finalmente, la meta correcta es una meta que tiene recompensas que permanecerán con usted de por vida. Aunque hay metas correctas con recompensas de corta duración, la mayoría de las metas correctas siempre vienen con recompensas que se mantienen por más tiempo. Al establecer cada meta, trate de analizar e identificar los beneficios asociados con cada una de ellas. Pueden incluir libertad financiera, descanso mental, salud física y estabilidad psicológica. Independientemente de lo que puedan ser, sepa que identificarlos le ayudará mucho.

Las mejores maneras de recompensarse por las metas cumplidas Primero, tienes que entender que nadie te recompensará más de lo que puedes recompensarte a ti mismo. Usted merece ser recompensado, especialmente cuando ha completado con éxito una tarea, hercúlea o no. Recompense su cuerpo. Recompensa a tu mente. Recompense su alma. Recompénsese, no importa lo poco que sea. Definitivamente va muy lejos. Recompensarse es decirle a su mente y a su cerebro que ha hecho un buen trabajo y que lo animará a hacer más. Una vez que puedas establecer esto en tu mente, descubrirás que será mucho más fácil para ti trabajar porque tu cuerpo estará deseando recibir esa recompensa después del primer trabajo completado.

Para comenzar el proceso de recompensarse a sí mismo, usted tiene que saber cuál será la recompensa. Saque un bolígrafo y un libro y anote todo lo que quiera para recompensarse. Asegúrese de tener una lista detallada y completa antes de seguir adelante con el proceso de recompensas. Si no, sólo te estarás engañando a ti mismo. Hay muchas maneras de recompensarte, y te presentaré algunas de ellas. Pero también debes tener en cuenta que tus recompensas no deben llegar de tal manera que nieguen todo por lo que has trabajado. Ese será el sistema de recompensa equivocado. Las cosas más importantes para considerar cuando se selecciona la recompensa son:

1. **Debe tener un valor duradero**
La recompensa debe ser de valor para usted de cualquier manera posible. No se limite a buscar una recompensa que le proporcione felicidad instantánea; busque algo más concreto y profundo. Busca

una recompensa que gratifique hasta tu alma. Puedes ir por una experiencia espiritual y ver la vida de una manera totalmente nueva.

El núcleo de su selección debe ser la autocompasión. Sé amable contigo mismo, porque los beneficios de la bondad son numerosos y abrumadores. No debe ser una recompensa de una sola vez, sino que debe practicarse tanto como sea posible cada vez que se complete una tarea.

2. Infunde Positividad

Sus recompensas también deberían impulsarlo a lograr más de lo que ha logrado antes. Reconozca todas las cosas que ha logrado ahora pero esfuércese por hacer más en poco tiempo. Su recompensa debe recordarle la importancia de no ser demasiado duro consigo mismo.

3. Debe haber un equilibrio necesario en el sistema de recompensas

No permita que su sistema de recompensas se pase de la raya. Tiene que haber un equilibrio razonable. La recompensa no debe exceder el tamaño de las tareas completadas que las necesitaban.

4. Bajar el tono

A veces tu recompensa puede venir de dentro de ti. Puede ser un día o un momento tranquilo en el que te sientas y reflexionas sobre todo en tu viaje. Ese puede ser un momento claro de iluminación que los asistirá en su viaje futuro.

5. No tienes que gastar mucho para recompensarte.

Las recompensas pueden ser simplemente las cosas que disfrutas haciendo.

6. Debe ser fácil de lograr lo más rápido posible.

No Más Procrastinación

Aquí hay algunas formas rápidas en las que puede recompensarse después de completar una tarea. Hay una gran variedad, y depende de ti elegir la que más te convenga.

1. Ir a un concierto.
2. Visite un carnaval o un festival de música.
3. Ve a ver una película con unos amigos.
4. Escuche un podcast cautivador.
5. Planee una salida nocturna con los miembros de la familia.
6. Disfruta de una revista leída con un vaso de jugo frío.
7. Remoje su cuerpo en un baño caliente en la bañera.
8. Transmite música bailable en línea.
9. Vea algunos documentales interesantes sobre Netflix.
10. Dé un largo paseo por su parque favorito.
11. Únase a un ejercicio o a una clase de baile.
12. Visite una galería de arte y vea obras de arte inspiradoras.
13. Disfrute de una comida extranjera.
14. Visite un spa y reciba un tratamiento.
15. Haga un picnic en una playa cercana.
16. Asista a un evento deportivo y anime a su equipo favorito.
17. Haga una pequeña reunión y celebre con sus amigos.
18. Ponga sus manos en una forma de arte que le guste o en la jardinería.
19. Reorganice su habitación y su armario.
20. Hazte fotos a ti mismo.
21. Consigue un nuevo peinado.
22. Ten un día libre en el que puedas descansar, hacer lo que quieras o no hacer nada en absoluto. (Pero no permita que el placer de un día así entre en su cabeza. Una vez que el día ha terminado, usted regresa a su rutina.)
23. Escribe una historia corta sobre ti y compártela en los medios sociales.
24. Compra un perfume nuevo con una fragancia que te guste.
25. Cómprate ropa nueva y deshazte de las viejas. O también puedes repartirlas.
26. Viaje a un lugar al que siempre ha querido viajar.

CAPÍTULO SEIS: NUEVO TÚ, NUEVAS RUTINAS

El crecimiento en sí mismo es la influencia de la grandeza y el logro. La vida nos ha enseñado a mejorar en todo, incluso en las cosas más comunes. Hemos llegado a aprender de la manera difícil a través del ensayo y el error. Y para ello, la historia ha relatado la importancia del auto crecimiento y la actitud necesaria para alcanzar este nivel de excelencia.

Desde los valores requeridos hasta las habilidades y conocimientos necesarios, todas estas virtudes pueden ser aprendidas. Y la verdad está en la oportunidad que la vida ha presentado para aprender continuamente. Cuanto más vemos la necesidad de adoptar nuevas técnicas y aprender habilidades, más cómoda se vuelve la vida. Y como no vivimos aislados, las personas que nos rodean se motivan a través de nuestro proceso de aprendizaje. Por ejemplo, los líderes de renombre invierten mucho tiempo en el conocimiento y la investigación, ya que esa es una de las formas de llegar al éxito.

El aprendizaje viene con muchos obstáculos que superar, y nadie dice que sea fácil adoptar un nuevo comportamiento. El combustible para sostener este cambio proviene principalmente de estructuras probadas. Uno de ellos tiene que ver contigo. Es una actitud positiva más allá de su mentalidad inmediata. Una vez que su mente esté abierta, cualquier otra cosa que se relacione con la tranquilidad, la unión, el establecimiento de metas y la disciplina será natural para usted. Su mente se convertirá ahora en un terreno fértil para criar hábitos positivos. Podrías pensar brillantemente y esperar que lo mejor ocurra siempre.

Una nueva rutina comienza con la firme convicción de hacer las cosas de manera diferente. Es posible que esté cansado de los resultados que obtiene por tiempo, y que sienta que le falta algo. ¡Estás en lo cierto! Si usted ha estado pensando en esta dirección, entonces, está listo para hacer un impacto. Este nivel es la base de su éxito. Ahora es evidente que estás preparado para sobresalir sin perder tu unicidad.

No se sienta abrumado con el deseo de obtener grandes resultados; es alcanzable. Pero tienes que entender que no es automático. El proceso involucrado necesita que usted revise sus elecciones de manera creativa. Es posible que también necesite desglosar sus preferencias, emociones y patrones de pensamiento para aliviar la nueva rutina que ha elegido. Asegúrese de que las tendencias no influyan en su decisión de hacer las cosas de manera diferente. Las tendencias son como la moda; vienen y desaparecen con el tiempo.

8 maneras de crear grandes hábitos que conducen al éxito
La innegable verdad sobre el éxito es que hay que mantenerlo. Mantener la excelencia, el logro y la productividad comienza con el principio más ignorado. Esta norma es lo que yo llamo el "principio del crecimiento continuo". Se trata de un esfuerzo consciente de revisar regularmente la composición humana para mejorar. Checkmating aquí significa una evaluación consistente de nuestras emociones, habilidades, habilidades, valores y actitudes para que encajen en el proceso de aprendizaje deseado. Es necesario hacer preguntas para buscar soluciones en lugar de detenerse en los informes adversos.

La forma en que los seres humanos dedican su tiempo contribuye en gran medida a la productividad. La actitud puesta al tiempo también tiene un efecto significativo sobre si el momento es válido o no.

Ciertos elementos podrían haberse aclimatado a nuestros puntos de vista, lo que nos hace propensos a su impacto negativo. Tales propiedades se convierten en nuestra referencia diaria, disposición, creencia, asunción, percepción y doctrina. Eso es lo que resulta en hábito, e inconscientemente repetimos el patrón en nuestra vida diaria. La excelente noticia sobre un hábito es que se puede aprender. Su conocimiento de esta rutina y su voluntad de cambiar es lo que más importa. Esbozaré a continuación algunos grandes patrones que te inspirarán a una vida exitosa.

1. **Identifique el tipo de rutina que desea.**

   Cuando se conoce un destino, el camino para llegar allí será bastante sencillo. Asegúrate de que te hayas convencido del tipo de hábito que quieres romper. Esta comprensión deberá ser lo que más les importa en este momento; una prioridad que no debería posponerse. Involucre esta decisión en sus pensamientos de manera consistente, pero no se deje llevar.

   Identificar un hábito negativo es grandioso; posicionar su mente para reemplazarlo con uno positivo será más satisfactorio aún. Satisface tu conciencia y tu fuerza de voluntad para emprender el nuevo camino de una persona mejorada. Es necesario convencerse interiormente porque ese es el combustible que mantiene la consistencia.

   Esta etapa de identificación necesita un desglose adecuado de su compromiso. Empecemos con las pequeñas cosas que te mantienen ocupado como los chismes. Necesitas saber cuándo y cómo comienza el chat si tu nueva rutina es concentrarte en escribir un informe de 1000 palabras sobre seguridad por día cada vez que cierras el trabajo. Luego apague cualquier señal que sugiera un retraso en el tiempo y en las capacidades mentales. Si bien puede haber sido una ocurrencia frecuente charlar en el estacionamiento, decida acortar la discusión cuando note que se está yendo al sur. Usted está a cargo aquí, y esa es la razón por la que necesita ser sincero. Esto es sólo un ejemplo, y el tuyo podría ser diferente.

Además, tenga en cuenta que usted estará a cargo de sus actividades ya que podrá predecir lo que desea. Nadie te obligó a hacerlo; es una elección personal para que la atención se instale. Usted podría posicionarse en el objetivo actual y no sentirse abrumado por las incertidumbres del futuro.

Con la conciencia del presente, usted será capaz de canalizar su energía y recursos para lograr una tarea presente. Será más cómodo aceptar el patrón de sentimientos y pensamientos que sigue a la conciencia.

Saber lo que quieres lograr ahora y en el futuro te coloca en lo que se necesita para alcanzarlos. El sacrificio está por encima de ellos. Lo más probable es que la rutina recién identificada no siga su estilo de vida convencional. Y si el suyo es completamente diferente, entonces prepárese para adaptarse a los cambios. Puede que necesite cambiar reducir la cantidad de tiempo que pasa en redes sociales y ajustar el tiempo de los momentos de ocio. Sea lo que sea que sientas que será afectado, prepárate para ello para no causar un retraso en el camino del logro exitoso.

2. **Empiece desde su posición actual.**

Puede sonar ridículo cuando te ves a ti mismo no yendo a un ritmo rápido. Pero la verdad es que ese es el ritmo perfecto para ti. Recuerde que el hábito constituye toda una parte de nosotros, y el cambio significativo no llegará tan rápido como usted se imagina. La voluntad de moverse es la velocidad necesaria que necesitas aquí.

Piensa en ello como si estuvieras construyendo tus músculos. Usted debe saber que la acumulación física no saldrá a la superficie en un día. Es posible que esté deseando seguir leyendo durante tres horas cada noche. Entienda que usted habrá usado la mayoría de sus momentos productivos durante el día, y la posibilidad de leer de vez en cuando es muy pequeña ya que está empezando de nuevo. ¿Por qué no empezar con treinta minutos y dominar el arte durante las primeras dos semanas? Una vez que sea consistente con la rutina de media hora, aumente la duración progresivamente. Asegúrese de que ha establecido el comportamiento, y luego trate de mantenerlo.

3. **Recrea tu entorno.**
   No eres la composición perfecta de ti mismo sin tu entorno. Algunos desencadenantes estabilizan su viejo hábito, y la mayoría de ellos están a su alcance. Primero, identifique lo que son y cómo comienzan. Esos detonadores pueden no ser una señal de retraso y dilación, pero en el sentido real, ellos son los villanos.

Su nuevo hábito puede ser comenzar una nueva dieta, pero parece que su cocina todavía está atascada con sus viejas comidas. Lo mejor será eliminar esos alimentos y que no los compre. Será difícil concentrarse en su nueva rutina porque cuanto más vea esos alimentos a su alrededor, más difícil será eliminarlos.

Reorganice su casa, su oficina, su mesa e incluso su guardarropa para que se adapten a su comportamiento esperado. Cuantos más despejes las distracciones, mejores serán tus posibilidades de éxito. La idea aquí es deshacerse de la energía que hace que el aprendizaje sea difícil para usted y reemplazarla con otras buenas.

4. **Muévete con personas que te animan.**
   Tu motivación para mantener un comportamiento aprendido se verá reforzada cuando seas responsable ante tus amigos. No es obligatorio reportarse con su conocido. Podría ser un colega en el trabajo o tu mentor. Elija a alguien en quien confíe lo suficiente como para criticar su informe.

   Su enfoque en este punto es que no están en el camino de la novedad solos; hay cuerpos externos que apoyan su nuevo hábito. Obtendrá resultados óptimos si elige a alguien que tenga éxito en el aprendizaje de su rutina seleccionada. De esta manera, él podrá guiarte de manera constructiva.

   El resultado significativo que usted quiere ver en la nueva rutina también puede ser fomentado cuando lo ve como trabajo en equipo. Imagine que su camarilla decide empezar un nuevo hábito. Cada uno de ustedes estará motivado para dar lo mejor de sí mismo. Una cosa buena que tendrás en mente es que "hay alguien a mi lado a quien siempre puedo referirme", y él/ella será tu aliento más activo. Será difícil para ti detenerte. Podrías decidir hablar con tus amigos para que aprendan un nuevo comportamiento que mejore un ritmo rápido del resultado.

5. **Cuénteles a otros acerca de su Plan.**
   La mayoría de la gente le teme al fracaso, y el fracaso en sí mismo es una enfermedad que se puede evitar. Una mejor manera en que los humanos lo evitan es empujando su energía para tener éxito. Piensa en ti mismo como alguien en quien se puede confiar con información. La confidencialidad no es lo más importante aquí, sino la apertura y la responsabilidad, sabiendo que una parte de ustedes ha sido comprometida con otra persona. Tendrás que mantener tu hábito como una cuestión de necesidad porque no querrás decepcionarlos.

Puedes empezar por informar a algunos de tus seguidores en las redes sociales, amigos, familiares y colegas. Dígales de antemano y comprométalos continuamente en su rutina de compromiso. Puede que no quieras decepcionarlos retrocediendo. Cada vez que te enfrentas a la tentación de volver, es más probable que recuerdes a aquellos a los que te has comprometido.

6. **Desarrolle su nuevo hábito en la línea del antiguo.**
La energía involucrada en el aprendizaje de un nuevo patrón es muy diferente de la comodidad complaciente del viejo. Usted estará de acuerdo en que la vieja rutina habría ganado el control de acceso sobre usted. Tu vida habría sido reposicionada para pensar y trabajar en esa dirección. Decirle que abandone el viejo hábito inmediatamente será como pedirle que cambie el color de su piel tres veces por semana. Es mejor ajustar su nuevo comportamiento con el viejo. Recuerda nuestro primer punto para empezar con algo pequeño.

Ya que tiene un plan, haga su estrategia lo más flexible posible. Tenga cuidado aquí para no caer presa de pensamientos negativos. Sus tendencias a fluir con su experiencia diaria le recordarán la negatividad, reemplácelas con afirmaciones positivas. Por mucho que te comprometas con el nuevo comportamiento de manera constante, llegarás a ser mejor y progresarás para convertirte en una persona diferente.

7. **Recompense cada etapa del progreso.**
Tome nota de su progreso y elogie cada cumplimiento de los resultados deseados. Nadie puede animarte mejor que tú mismo. La recompensa aquí no debe forzarte a permanecer en el mismo lugar. Si usted siente que no ha sido motivado a hacer más mientras se aplaude a sí mismo, cambie la forma en que lo

aplica. Crear un sistema de recompensa condicional. Vea la película después de haber terminado el informe. Disfrute de la velada con su camarilla siempre que su habitación esté perfectamente limpia. Usted puede seguir el flujo de su recompensa después de haber alcanzado sus objetivos.

8. **Haga Ejercicio Mental**
Su cerebro no está aislado de su nueva rutina. Sus capacidades cognitivas tienen un papel importante que desempeñar después de su fuerza de voluntad. Comience con su ejercicio regular, que puede ser caminar por el parque o trotar. Mientras hace cualquiera de estos ejercicios, piense en los nuevos hábitos que desea crear. Permita que su cerebro procese la información y la convierta en conciencia, pero no se sienta abrumado. Este estado de conocimiento le permitirá entrar en las realidades presentes todo el tiempo. Ahora podrá evitar las distracciones porque su cerebro ha procesado su nueva rutina en su sistema.

Recuerde que todo el bienestar de su cuerpo es importante, y su cerebro no debe ser excluido. También podría considerar hacer los ejercicios que agudizan el enfoque que se dan en este libro.

9 rutina de la mañana para hacer de cada día un buen día

La naturaleza ha cargado un abundante paquete de beneficios para las primeras horas del día. Y estarán de acuerdo en que la creatividad y la innovación tienden a fluir libremente durante este tiempo. Aunque esto varía del tipo de persona que eres, no niega cómo se puede lograr la productividad. Esta sección le proporcionará las actividades que puede realizar para maximizar su mañana. Seguirlos rápidamente marcará la pauta para un día excelente.

1. Haga un diario de sus pensamientos y úselo para su día.

Los momentos refrescantes de la mañana son el mejor momento para escribir lo que se te viene a la mente. Cada una de sus actividades durante el día puede diferirle el privilegio, y es por eso por lo que debe maximizar la oportunidad que le brindan las primeras horas de la mañana.

Tenga en cuenta que es posible que no necesite hacer este breve ejercicio de la manera convencional. Sea lo suficientemente flexible para adaptarse al flujo de sus pensamientos. Puede que sólo implique diez minutos de su tiempo. El lado positivo de llevar un diario de su opinión es que su cerebro está conectado a una fuente de atención. No tendrá que hacer hincapié en su capacidad cognitiva para recordar las pequeñas cosas que inundan su corazón. Ahora serás consciente de todas las ideas que te ayudarán a mejorar tu experiencia diaria.

Si necesita crear un esquema de sus pensamientos, ¡haga una lista de ellos! Es posible que desee reproducir la escritura de los resultados de las vistas diarias. Esta acción le hará hacer referencia a su historia de éxito y le recordará sus victorias anteriores. Usted también podría repetir la misma rutina que trae el logro la próxima vez que se enfrente a un desafío aparentemente relacionado.

2. Arregla tu cama

¿Suena un poco estresante? ¡Si! Porque no lo has estado practicando. Esta simple habilidad de hacer las cosas en casa te da un sentido de responsabilidad por ti mismo. Su cama ha sido capaz de crear la primera tarea del día con éxito. Pruébate a ti mismo el éxito que quieres que tenga esto. Cada vez que haces esto excelentemente bien, construyes un sentido de realización.

3. No concluya con decisiones esenciales

El instinto podría haberte guiado antes, pero la realidad no es un juego de azar; seguramente cumplirá su mandato. Deje sus pensamientos en el papel y finalícelos más tarde en el día. La mayoría de las veces, la voluntad interna de tomar una decisión perfecta puede no ser lo suficientemente fuerte como para dar una estrategia precisa necesaria para lograr sus objetivos. Sea lo suficientemente paciente para investigar su inspiración percibida. Su búsqueda a lo largo del día mejorará la productividad mental para las mañanas siguientes.

4. Limite sus opciones

Este período temprano del día te obliga a hacer la elección inevitable para tu día. Agilice su selección de acuerdo con su conjunto de valores. Es posible que le moleste el color, el tipo de camisa, el zapato y la bata que debe usar. Los accesorios para utilizar pueden incluso consumir gran parte de su tiempo de reflexión. Cree una rutina de sus necesidades básicas por la mañana y hágala practicable. Por ejemplo, despertarme, meditar, elegir mi ropa, bañarme, hacer café, organizarme y prepararme para el día. Simplifique sus elecciones diarias y no las haga más difíciles para usted.

5. Energice su cuerpo

Piense en el acondicionamiento físico como otra herramienta para mantener una rutina matutina. Puede que no necesites ir a correr por la calle. Su habitación puede permitirle sudar la energía necesaria para el día. ¿Recuerda el método de recompensa condicional que leyó bajo la creación de un hábito que lleva al éxito? Haz que funcione para ti también aquí.

Haz de 15 a 30 flexiones de brazos, después de las cuales consideras repasar tus actividades del día. También puede estirar los brazos y las piernas y luego pensar en la tarea del día. Hacer esos ejercicios habría preparado su cuerpo para el trabajo del día. Tu mente ahora estará en reposo, y tu nivel de felicidad aumentará por el resto del día.

6. **Afirmaciones**

El pensamiento positivo, dicen, resulta en un resultado positivo. Crea una mente llena de positividad a medida que haces afirmaciones que reencuadrarán tu mente. A menudo ves a través de tu mente, lo que hace que sea necesario eliminar la negatividad durante el día. Recuerde, requiere que hable por sí mismo. Tome tiempo para escribir sus afirmaciones y leérselas usted mismo. Puedes empezar con el simple desafío que tuviste el día anterior y compensarlo. Por ejemplo, digamos, "Hoy he caminado con excelencia. "Logré y superé los objetivos hoy. "No estoy abrumado por el éxito o el fracaso. Sobresalgo en toda mi tarea."

7. **Enfócate más en tu interior**

La fuerza recibida de la meditación puede ser suficiente para superar los desafíos mentales del día. Alcanzarás este nivel de calma cuando te separes tanto del apego externo como del interno. Crea la voluntad de romper con el mundo exterior por el momento. Romper aquí significa crear un enfoque en ti mismo, especialmente en tu fuerza de voluntad.

Note que este simple ejercicio requiere que usted limpie cada pensamiento y preocupación. Su nivel de ansiedad debe reducirse conscientemente en este período. Mírate sólo a ti mismo, y ni siquiera revises las redes sociales. Planifique para lograr esta rara rutina desde su noche. No hay revisión anticipada de correos electrónicos, Facebook y blogs. Sólo tú, solo.

Desvincúlese de su rutina diaria de torpeza e inactividad durante este breve período de la mañana. Un momento de reflexión de 15 minutos es un buen comienzo para usted. Vea la posibilidad de lograr el éxito del día. Reflexione sobre las afirmaciones que ha hecho y véase a sí mismo lográndolas. Estás alimentando tu alma en este punto para tener una mentalidad ganadora. Y esa es la mejor manera de describir tu día para cualquiera.

8. Pruebe una ducha fría

Puede que no te sientas cómodo con esto por primera vez. Pero puede intentarlo unas cuantas veces y adquirir el hábito de hacerlo de forma intermitente. Piensa en las ventajas que conlleva. Su flujo sanguíneo tiende a aumentar y lo hace activo durante el día. Usted será valiente para comenzar y hacer esto libera dopamina en su cuerpo. Su cuerpo se queda entonces con la sensación de actividad, motivación y placer. El baño será un excelente glaseado para diseñar el día.

9. Planifique un desayuno saludable

Comprender la salud de la alimentación por la mañana. Es esencial combinar ciertos nutrientes como proteínas, minerales y vitaminas para tener un gran apetito y satisfacer las necesidades nutricionales. Aunque otros nutrientes también son necesarios, las grasas y proteínas saludables ayudan a estabilizar sus emociones. Recuerde que su estado de ánimo debe ser el adecuado. Comamos, por ejemplo, una tostada y una cobertura rica en fibra. La fibra en este alimento ayuda a retardar la digestión, mejorando la estabilidad del azúcar en la sangre. Piense en otras comidas simples pero saludables para su desayuno.

6 rutinas nocturnas para asegurar que el mañana sea tan bueno como el presente.

El mejor día resulta de una noche bien planeada. Las oportunidades se cargan por la noche cuando usted acepta el desafío de ser receptivo. Entienda lo que necesita hacer antes de irse a la cama. Esas actividades constituirán sus rutinas nocturnas. Sé que tu día puede haberte cansado, pero puedes reajustar tu estado de ánimo y actividad mental. Puedes hacer de tu descanso una experiencia dichosa.

1. **Reflexione sobre su Día.**

¿Qué pasó hoy en el trabajo? ¿Por qué me enviaron una carta de consulta? Haga muchas preguntas como sea posible. Mereces saber qué te ha llevado todo el día. Utilice este período para identificar la causa de sus acciones. ¿Por qué reaccioné mal ante un cliente? ¿Por qué estaba enfadado durante la pausa del almuerzo? No se limite a hacer preguntas; desglose su consulta en desencadenantes. A ver qué te hace hacer una cosa en particular.

La reflexión no significa que deba utilizar este período para pensar sólo en sus insuficiencias. Es posible que desee pensar en los objetivos que cumplió o superó. Haga una evaluación apropiada de las actividades de su día para saber qué metas fijar para los otros días.

2. **Haga una lista de sus metas.**

Mire hacia el futuro de la productividad y planifique lo que desea lograr. Este proceso debe ser intencional porque es posible que usted no haya analizado los desafíos del día. Diseñe otra estructura que le ayude a lograr más. Dé una definición adecuada a su destino. Asegúrese de eliminar la rigidez en su enfoque a tomar en el futuro. Una vez que haya redactado sus metas, péguelas donde pueda verlas fácilmente. Podría estar en su mesa de lectura o en la parte de atrás de su puerta. Asegúrese de que está listo para la mañana siguiente. Planifique su desayuno, su elección de ropa y su hora de levantarse. Puede tomar algún tiempo prepararse si es la primera vez que lo hace. La consistencia en el establecimiento de metas para el día siguiente resulta en convertirse en un organizador activo a largo plazo. Despertar a esta realidad te ayuda a poner tu mente en alcanzar objetivos.

No Más Procrastinación

Es posible que también quiera leer sus metas en voz alta. Así como usted recita sus afirmaciones, su atención al hacer esto es activar la atención. Vivir en la realidad de tener sus metas en la mente

3. Tómese el tiempo para leer.

Involucre su mente en el aprendizaje de algo nuevo! Hacer esto te preparará para el día siguiente. Es posible que no tenga que hacer las largas horas ya que podría estar cansado del trabajo del día. Es posible que desee utilizar este período para desarrollar ideas que haya anotado por la mañana. Investigue también sobre su reto en el trabajo y aprenda de la experiencia de los profesionales.

4. Leer arriba Afirmaciones.

Así como usted comenzó su día con palabras de positividad, usted podría considerar terminar su día con ella también. Ya que has reflexionado y analizado los acontecimientos del día, usa tu conclusión para decir cosas hermosas a tu conciencia. Usted puede decir: "No me sentí abrumado por el fracaso. "Logré algo mejor que hoy. "Me veo a mí mismo alcanzando mis metas profesionales. "Mi mañana es activo y vibrante, y estoy contento con mis amigos y colegas. "Diseñe sus afirmaciones para que se ajusten a su valor.

5. Chatea con tu familia.

Unirnos como familia es un excelente ritual para practicar. Tómese un tiempo para decir cosas personales a su cónyuge e hijos. Y si usted es soltero o vive solo, encuentre una manera de comunicarse con su familia. Cada parte de su discusión aquí debe centrarse en las necesidades de la familia. Averigua lo que tu hija desea de ti. Infórmele también de lo que usted requiere de ella para tener éxito en la vida. Es posible que no quiera hacer el trabajo de un entrenador de vida todas las noches, pero asegúrese de construir la intimidad con su familia. Además, involucre a su cónyuge en una conversación íntima.

Usted puede buscar ideas relacionadas con sus horarios y patrones de trabajo.

6. No te rindas a la ociosidad.

Prepararse para lo que hay que hacer no significa hacer nada, significa hacer una tarea específica. Piense en un trabajo que aumente su agudeza mental. La lectura, la meditación, el ejercicio, la cocina, etc. pueden ser una excelente tarea para realizar. Evite la trampa de quedar atrapado en un trabajo masivo para la noche. La pantalla azul debería ser una cosa para evitar en este momento.

Ya que usted necesita empezar de a poco, también puede pensar en arreglar el desorden. Coloca el montón de libros sobre la mesa y limpia tu armario.

CAPÍTULO SIETE: NO MÁS OBSTÁCULOS

7 maneras de Conquistar su Miedo al Fracaso
Es natural tener miedo. Es una de las cosas que nos hacen humanos. El miedo siempre se presentará cuando estés a punto de embarcarte en una nueva aventura. Sin embargo, el miedo también puede ser muy peligroso, puede impedir que usted logre lo que necesita lograr.

El miedo puede manifestarse de muchas maneras. Está el miedo a las alturas, el miedo a la elevación del agua, y el miedo a las arañas, y así sucesivamente. Pero en lo que respecta a ser productivo, el miedo que más se relaciona con nosotros es el miedo al fracaso.

El fracaso no tiene absolutamente nada que temer. Incluso los más ricos, los más poderosos y los más exitosos entre nosotros han experimentado alguna vez el fracaso en un momento u otro. Así que, si alguna vez fallas, debes saber que no estás solo. Lo superarás.

Es como caer enfermo. La gente toma muchas medidas para no enfermarse. Desafortunadamente, no importa cuánto lo intenten, al final se enferman un día. ¿Qué haces en esa situación? No huyes de la enfermedad; luchas contra ella. Y una vez que te abandona, tu cuerpo aprende y se adapta para que la próxima vez que haya un ataque de ese patógeno, sepa cómo reaccionar y protegerte.

Lo mismo ocurre con tu fracaso. Aprende de ello. Construye tu resistencia a partir de ella. Cuando te golpee por primera vez, parecerá que tu mundo está a punto de desmoronarse, pero te aseguro que sólo será por un momento. Estos consejos le ayudarán a manejar y superar el miedo al fracaso:

1. **Enfréntate a ello.**

La vida es un campo de batalla. Si no estás listo para luchar, entonces prepárate para vivir una vida miserable. Nunca se le entregará nada en bandeja de oro, excepto si su familia tiene montones de lingotes de oro en algún lugar del Banco Mundial. Para ver el éxito, para tener logros, usted debe saber que tendrá que hacer frente a su miedo al fracaso. El miedo al fracaso no es el fracaso en sí mismo, sino que es un camino fuerte que conduce al fracaso. Lo mejor que puedes hacer por ti mismo es empujarte fuera de ese camino hacia el camino del éxito.

2. **Muéstrate un poco de bondad.**

No te castigues a ti mismo. No seas demasiado duro contigo mismo. Entiende que el miedo que tienes al fracaso es algo natural, pero no significa que no seas lo suficientemente bueno. Nadie es lo suficientemente bueno; todos nos esforzamos por ser mejores. Por lo tanto, no se castigue simplemente porque no dio en el blanco la primera vez. Todavía hay muchas oportunidades abiertas para que intentes ser mejor.

3. **Entienda que Fallar una vez no lo convierte en un completo fracaso.**

Sólo te conviertes en un fracaso total cuando decides dar y dejar de perseguir. El punto en el que decides rendirte se convierte en el punto en el que termina tu historia de éxito, así que todo depende de ti y de lo bien que elijas maximizar tus fortalezas. Muchas de las figuras exitosas que admiramos hoy en día fracasaron, pero eso no les hizo considerarse fracasados. Ellos continuaron con la lucha y trajeron algo admirable.

4. **Alimente su mente con Optimismo.**

Mucha gente experimenta el fracaso todos los días, pero eso no significa que usted deba ser uno de ellos. Un pensamiento se presentará y te preguntará: "¿Y si fracasas?" Quiero que desafíes ese pensamiento preguntándote: "¿Y si tengo éxito? "La gente fracasa, y la gente también triunfa. Todo depende del grupo con el que decidas identificarte. Si alguna vez va a haber una persona exitosa en ese campo, entonces podrías ser tú.

5. **Libérate de la obsesión del perfeccionismo**

Muchas personas han estado atadas debido a la necesidad de hacer alguna tarea por primera vez bien. No tienes que hacerlo bien la primera vez. Ten eso en mente. Nada de lo bueno que se ha creado ha sido perfecto de una sola vez. Acepta el hecho de que puede que no des en el blanco al principio, pero eso no significa que dejarás de intentarlo. El proceso de tratar de perfeccionar algo es en sí mismo un proceso de aprendizaje. A medida que sigas haciendo eso, seguirás mejorando hasta que seas tan bueno como quieras ser.

6. **¿Por qué temes al fracaso?**

Para algunas personas, el miedo al fracaso proviene de todas las cosas que han oído sobre el fracaso. Otros simplemente no quieren que otros los vean como un fracaso. Por lo tanto, comienzan a alimentar el miedo por ella. Cualquiera que sea el caso, trate de averiguar la razón por la que teme el fracaso y haga bien en abordarlo a tiempo. ¿Tienes miedo porque no entiendes completamente la tarea que tienes por delante? Entonces hazlo bien para entenderlo mejor. ¿Tienes miedo porque has oído historias de miedo de personas que se encontraron con el fracaso? Luego empiece a poner las cosas en su lugar que le ayudarán a superar el fracaso.

7. **Aceptar el fracaso por lo que es**

El fracaso no es un monstruo, ni una bestia. Sólo puede llegar a ser tan grande como un tormento como usted quiera que sea en cualquier momento. Usted define en qué se convierte su fracaso para usted. Ver el fracaso como algo que va y viene, algo que va y viene, un momento fugaz en nuestras vidas, te ayudará a superar tu miedo por ello fácilmente.

7 estrategias para vencer al monstruo del perfeccionismo
Ser perfecto es una cualidad admirable, y mucha gente morirá por esa cualidad, por estar libre de cualquier forma de mancha o mancha. La búsqueda a la perfección le llevará a producir trabajos de alta calidad. Buscar la perfección no está mal de ninguna manera; de hecho, es muy necesario producir un trabajo que resista la prueba del tiempo.

Sin embargo, la búsqueda de la perfección puede convertirse fácilmente en un comportamiento obsesivo si no se deja sin control. A las personas que persiguen esto se les llama perfeccionistas, y la mayoría de las veces, sus estándares casi nunca se cumplen. Esto, a su vez, puede llevar a una especie de frustración.

Los perfeccionistas nunca están contentos con nada hasta que cumple con sus estándares increíblemente altos. Por el contrario, los perfeccionistas siempre parecen querer posponer algunas tareas simplemente porque tienen miedo de no llevarlas a cabo lo suficientemente bien. Esto puede convertirse de alguna manera en un asesino de la productividad porque una persona así nunca querrá entrar en una nueva aventura y ver qué pasa con ella.

Un consejo que siempre doy a la gente es que aprendan a trabajar con su perfeccionismo. No permita que sus altos estándares le impidan rendir; en vez de eso, haga que funcione para que usted produzca un trabajo más admirable. Para ello, inicie la tarea. Deje su miedo a la imperfección y empiece. Completa la tarea; y después de completarla, puedes volver atrás y añadirle tu toque de perfeccionismo.

La vida de un perfeccionista es bastante aburrida porque nunca se explora nada nuevo. Ese no debería ser tu caso. Es por eso por lo que necesitará superar su mentalidad perfeccionista, pero no sus altos estándares. Entiende que la perfección nunca puede ser alcanzada, nunca. En vez de eso, usted puede seguir mejorando cada vez más. Aquí hay algunas estrategias que usted puede emplear para ayudarle a superar el perfeccionismo:

1. **Aprende a aceptar cuando es lo suficientemente bueno cuando has puesto todo tu mejor esfuerzo.**

Como dije claramente, la perfección es un mito. Incluso cuando piensas que lo has logrado, si miras más de cerca, verás que todavía hay defectos. Puedes literalmente volverte loco. Trate de entender cuando ha hecho lo suficiente en un proyecto en particular. Lo bueno nunca es suficiente, pero lo mejor siempre puede ser suficiente. No estreses a tu mente. Lo mejor que puedes hacer es entrar en la corriente y dejarte llevar por ella. Usted no tiene que producir un trabajo perfecto; todo lo que tiene que hacer es producir su mejor trabajo.

2. **Entender que el Perfeccionismo es un Asesino del Tiempo**

Hay dos grandes problemas que tengo con los perfeccionistas: el primero es que casi nunca empiezan ninguna tarea por miedo a no producir según sus estándares. La segunda es que incluso cuando comienzan una tarea, pasan mucho tiempo repasando los pasos, repitiéndolos, sólo para producir un trabajo perfecto. La cantidad de tiempo perdido es incluso suficiente para hacer que ignoren el trabajo y se frustren. Nadie dice que no te tomes tu tiempo. Lo que estoy diciendo es que no mates tu tiempo. Estos son dos conceptos diferentes, y significan cosas diferentes. Tómese su tiempo y dé lo mejor de sí. Sepa cuándo parar y dejar el resto. Sólo hay lo suficiente que puedes dar a cualquier proyecto.

3. **Entiende que puedes Herir a la Gente con tus Estándares Perfeccionistas.**

Como se ha señalado anteriormente, nunca baje sus estándares, busque la mejor calidad, pero no necesariamente la perfección. La perfección es inalcanzable. Una cosa acerca de luchar por la perfección y los altos estándares es que eres capaz de herir a la gente que te rodea con tus estándares. No todos son como tú. No todos son perfeccionistas como tú. Algunas personas sólo quieren poner lo mejor de sí mismas en lo que hacen, y eso es todo. Cuando continúes bajando el peso de tus estándares inalcanzables sobre ellos, puedes aplastarlos y hacer que te odien. Nada de lo que hagan será suficiente para ti, y esto solo es capaz de dañar tu relación con ellos. Asegúrese de obtener lo mejor de sus empleados y trabajadores en todo momento, pero no se convierta en un maestro frustrante que nunca puede ser complacido.

4. **Eliminar la mentalidad competitiva.**

Para muchos perfeccionistas, su carácter proviene de ser los mejores en todo momento. Quieren que ninguna otra persona se les adelante, y les frustra cuando sus planes no salen como se espera. Existe un tipo de competencia conocida como la competencia sana, y ese es el tipo de competencia por la que usted debe esforzarse. Suscríbete a la competencia que saca lo mejor de ti en lugar de arrastrarte hacia la envidia.

Otra cosa que usted debe entender es que usted es su mayor competidor. Todo lo que tienes que hacer es desarrollarte en el ayer, construir sobre el éxito que has tenido en el pasado. Y ahora que lo pienso, si ayer estuviste perfecto, ¿qué quieres hacer hoy? La vida es una aventura, y el perfeccionismo rompe esa aventura. Te impide descubrir tesoros. Así que, mantente libre y mantén tu mente en ti mismo.

5. **Elimine los factores desencadenantes del perfeccionismo en su vida.**

Esto implicará investigar un montón de cosas. A veces las personas en su vida también pueden ser algunos de los factores que causan su obsesión con el perfeccionismo. Debido a que ellos mismos son perfeccionistas, harán todo lo que esté en su poder para buscar lo mismo de usted. No te creas eso. El perfeccionismo, como te he explicado, es estresante. Te toca a ti llevar a cabo un análisis interno e identificar todas aquellas cosas que desencadenan el perfeccionismo en tu vida.

6. **Reevalúe sus estándares**

El perfeccionismo es el resultado de estándares excesivamente altos. Tienes que controlarte para no hundirte. No es normal esperar que un niño de 3 años sea capaz de deletrear correctamente palabras de cinco letras sin perder ninguna letra. Pero a un perfeccionista no le importa. Sólo quieren que se haga, y no tendrán idea de que están lastimando a ese niño.

Pregúntese si sus estándares son demasiado altos. Una vez que se identifican los estándares muy altos, se puede bajar el tono para que todo el mundo se beneficie de ellos. También puede preguntar a las personas de su entorno que estén dispuestas a ayudarle a identificar los estándares en los que tiene que trabajar.

7. **Permitir la imperfección a veces.**

No siempre tienes que perfeccionar. Vivimos en un mundo imperfecto, pero todos disfrutamos del mundo y no queremos irnos. La verdad es que puedes hacerlo con alguna imperfección en tu vida. Deje las sábanas ásperas y arrugadas al salir de la casa. Permita que los niños se vistan solos. Simplemente desafíe cualquier tendencia perfeccionista que pueda tener y vea lo que sucede.

7 maneras en las que la Positividad puede Manifestar el Éxito
La positividad, como rasgo, no significa sonreír todo el tiempo y llevar siempre una mirada alegre. Es mucho más profundo que eso.

La positividad realmente tiene que ver con tu perspectiva general de la vida. Se trata de lo que haces con lo que la vida te da en el momento, ya sea negativo o positivo. "Cuando la vida te lanza limones, haces limonada" es una cita que capta adecuadamente la esencia del positivismo.

La investigación ha demostrado con el tiempo que las personas que son más felices, las personas que tienen más positivismo en sus vidas, por lo general terminan siendo más exitosas que las que no aceptan el mensaje de positividad. La positividad se ha vinculado a un mejor rendimiento y productividad en los lugares de trabajo. La presencia de emociones positivas siempre hace que la generación de ideas maravillosas. Algunos de los principales beneficios de la positividad incluyen:

- **Mejor rendimiento mental y respuesta más aguda a los estímulos**. Las personas positivas generalmente tienden a tener cerebros que funcionan mejor y producen mejores resultados. Su mente viaja más lejos durante una sesión de lluvia de ideas, y pueden aportar una amplia gama de ideas para un proyecto. En última instancia, esto conduce a ser personas más creativas y productivas.
- **La gente tiende a acercarse más a aquellos que ya llevan mucha positividad en ellos.** La positividad en una relación también ayuda a construir una conexión fuerte y duradera entre las partes involucradas.
- **Los beneficios para la salud asociados con la positividad son enormes.** De hecho, la positividad puede hacer que una persona coma más saludable porque sus mentes siempre están agudas para señalar las cosas que no deberían estar tomando en su sistema. La depresión, que es un subproducto del pensamiento negativo, se ha relacionado con el sobrepeso y la alimentación basura. Una mentalidad positiva significará una frecuencia

cardíaca más baja, una presión arterial más baja y un menor estrés. También se sabe que las personas que son positivas duermen mejor.

- **La positividad ayuda a construir una psicología de la confianza, la autoestima y la energía corporal.** Con tanta energía para gastar, las personas positivas logran sus metas más rápido que las personas no positivas.

Con todos estos beneficios en la lista, ahora puede ver que es muy importante que desarrolle una mentalidad positiva que alimente su éxito. La pregunta ahora es cómo se puede hacer eso. Estas estrategias le ayudarán:

1. **Mantén tu enfoque en todas las cosas buenas de tu vida.**
Nadie lo tiene todo hermoso para ellos. Todos tenemos nuestros altibajos, donde nos enfrentamos a muchos desafíos a diario. Pero la pregunta sigue siendo ¿cómo y/o por qué permitir que esos desafíos te definan? Por supuesto, mirarás hacia la puerta, pero también hacia arriba. ¿Qué tan bien mantiene su mirada en las cosas buenas de su vida? Recuerde que cada día viene con sus propios beneficios, sin importar lo mal que vaya ese día. Aprenda a concentrarse en estos beneficios durante todo el tiempo que pueda.

2. **Aprenda todas las lecciones que la vida le ofrece.**
Como he dicho numerosas veces en este libro, cada fracaso que se encuentra en su vida es una lección si tan sólo elige aprender de ella. Las fallas son propensas a engendrar pensamientos negativos en tu mente. Estos incluyen "No soy lo suficientemente bueno. "Nunca valdré la pena. "y "No lo conseguiré. "Pero recuerda que cada vez que tropiezas en la oscuridad, tu cuerpo aprende de los obstáculos en ese camino y nunca vuelve a cometer el mismo error. Es por eso por lo que usted puede caminar en su habitación incluso con la luz apagada y hacer su camino hacia el interruptor sin golpear los dedos de los pies en el gabinete.

3. **Anímese.**
Nadie puede hablar contigo como tú puedes hablar contigo mismo. No hay mejor motivación que la que te das a ti mismo. Despierta cada mañana, mírate en el espejo, y libera mantras transformadores en tu día. Hay algo en las palabras que decimos. Poseen un poder creativo muy fuerte que puede seguir adelante y proporcionarnos los mejores resultados. Algunas personas usan este poder para producir resultados muy negativos para sí mismas porque siempre están hablando de lo malo en sus vidas. Estos pensamientos tienen una manera de construir fortalezas en tu mente y controlarte. Nunca les permitas hacer eso. Siempre tenga el control y dicte lo que entra en su vida.

4. **Mantenga su mente en las cosas que suceden en su presente**.
El presente es tu ahora, tu realidad en este momento, las cosas que están sucediendo en tu vida. Algunas personas viven sus vidas para el futuro, mientras que otras viven en el pasado. Pero te digo que el momento más importante para vivir es ahora. No pierdas tu existencia mientras persigues otras realidades.

5. **Mantenga a la gente positiva y la positividad a su alrededor.**
Una pared de pensamientos negativos está siempre en aumento en nuestra mente, y depende totalmente de ustedes para determinar si continúa subiendo o si se derrumba en el suelo. Puedes destruir cualquier forma de paredes negativas rodeándote de gente y cosas positivas. Todo esto te ayudará a asfixiar cualquier negatividad que te rodee. Encuentra a la mayoría de las personas y colócalas alrededor de tu vida. Hable con ellos todo lo que pueda y trate de aprender de ellos. Tienen una manera de afectar a la tuya en positividad.

6. **Concéntrese en sus metas.**

Los pensamientos negativos son una forma de distracción que resulta porque la gente no está obsesionada con alcanzar sus metas. Una mente que se mantiene enfocada en alcanzar metas y ser la mejor nunca tendrá tiempo para nutrir cualquier forma de negatividad. Manténgase productivo en todo momento, y continúe enfocándose en cómo puede lograr más y superarse a sí mismo.

7. Practica la gratitud.

Esta es una de las mejores herramientas que puede utilizar para activar una mentalidad positiva para el éxito. Cuando sigues agradecido por las cosas que te rodean, rara vez tienes tiempo para pensar en lo negativo.

5 fortaleciendo Mantras para Destruir el Auto sabotaje y Empezar a Hacer las Cosas.

Es curioso, siempre ha habido este tipo de apegos mitológicos a la palabra "mantra". "Ha sufrido casi el mismo destino que la "meditación", en la que alguien piensa que sólo puede aplicarse a un monje budista en el Tíbet o a una bruja sentada en el Himalaya. La mayoría de las veces, ni siquiera entendemos cuán poderosos son los mantras y cómo pueden ayudarnos en general.

¿Qué es exactamente un mantra si lo usas? Tómalo de esta manera: un mantra es una herramienta mental o una palabra, frase o sonido que se utiliza para mantener tu mente en su lugar y evitar que uno se distraiga. Los mantras pueden ayudarte en diferentes facetas de tu vida si se emplean de la manera correcta. Pueden ayudarle a ser más productivo. Ellos pueden ayudarte a mantenerte concentrado. Ellos pueden ayudarle a reencuadrar su mente y los pensamientos que se arremolinan en ella. Las posibilidades son infinitas, y es por eso por lo que es necesario que comiences a emplear mantras en estas diferentes facetas de tu vida para que tengas lo mejor de ella. Aquí hay algunos mantras que pueden ayudarte a superarte y empezar a hacer las cosas.

1. **Acepto la paz en mi vida y en mis actividades diarias.**

Puedes ayudar a que este mantra se cumpla visualizando esa paz que deseas una y otra vez hasta que se manifieste. Puedes hacer uso de este mantra para llamar a la paz a cualquier aspecto de tu vida: tu mente, tu alma, tu trabajo, etc. Cuando estas palabras se repiten con el tiempo, tu mente comienza a creerlas y a alinearse para que se cumplan.

2. **Me esforzaré por lo mejor en lugar de esforzarme por alcanzar la perfección.**

Hemos pasado por esto, y les he explicado cuán tóxico puede ser el perfeccionismo para ustedes y para la gente que los rodea. Haga uso de este mantra para superar una mentalidad de perfeccionismo. Antes de comenzar una tarea importante, puede repetirla una y otra vez hasta que su mente la asimile. Cuando te encuentres cayendo gradualmente en esa mentalidad de perfeccionismo, repítelo, y date el enfoque requerido.

3. **Mis errores son para mi beneficio.**

Jugar al juego de la culpa siempre es fácil, y este mantra está aquí para ayudarte a hacer exactamente lo contrario. Usa este mantra cuando hayas cometido un error estúpido y sientas que eres un fracaso. Guárdelo de vez en cuando, aunque su mente trate de hacerle sentir mal por las decisiones que haya tomado en el pasado.

4. **Me centraré en mi presente.**

El mantra se utiliza sobre todo cuando te das cuenta de que tu mente se desliza gradualmente hacia atrás, hacia tu pasado o se preocupa por el futuro. Recuérdate a ti mismo usando este mantra para mantener tu enfoque en el presente.

5. Cumpliré con mis plazos y alcanzaré todas mis metas.

Usa este mantra al principio de cada día, a primera hora después de levantarte por la mañana o mientras te lavas la boca. A medida que te repitas este mantra, continúa visualizando cómo se verán las metas que has logrado. Ruminar sobre todos los beneficios emocionantes que se abren para usted a medida que alcanza sus objetivos diarios.

CONCLUSIÓN

Quiero agradecerte por seguirme en este viaje, por haber leído y estar aquí hasta este momento. De hecho, gracias por no posponer la lectura de este libro. Creo que se ha saltado páginas pero ha leído el libro con toda diligencia.

A lo largo de este libro, he hecho todo lo posible para ayudarle a entender el concepto de postergación y cómo funciona. Hemos explorado algunos de los principales desencadenantes de la dilación y también las principales maneras en que usted puede superar y conquistar estos desencadenantes. Pero puedo decirles que, a pesar de la riqueza de conocimientos ocultos en este libro, esto no es todo lo que se necesita.

Puedo decirles que todos nos enfrentamos a nuestros propios desencadenantes de dilación que son específicos de cada uno de nosotros. Al leer un libro, estoy seguro de que te encuentras con el que más se relaciona con tu situación. Estas son las cuestiones que debe abordar lo antes posible. No se puede cambiar todo a la vez. Trate de emplear alguna estrategia en su plan de acción para derrotar la dilación.

Una cosa es poseer la vara y otra cosa es golpear a la serpiente. La mayoría de la gente hará lo que sea para adquirir la vara, pero nunca tomará medidas para golpear a la serpiente hasta que muerda. Quiero decirles que hoy pueden liberarse de las garras de la dilación, si tan sólo deciden tomar medidas y seguir las instrucciones que se enumeran en este libro. Habrá un punto en el que sentirás que has fallado cuando parezca que debes rendirte y dejar de intentarlo, pero no permitas que eso te detenga. Prométete que lucharás hasta el final. Sólo mantén tu enfoque en hacer algunos pequeños cambios necesarios y verás que tu vida mejora cada día.